Fallen Leaves

Last Words on Life, Love, War, and God

落葉

威爾・杜蘭的最後箴言

導讀

歷史意識和生命意識的交響

周樑楷

八月間，天氣漸漸轉涼了，前後相繼接到兩個邀約。一個是要在大學裡演講，談談英國史家湯恩比（Arnold J. Toynbee, 1889-1975）的《歷史研究》（*A Study of History*）。另一個就是為美國史家威爾·杜蘭（Will Durant, 1885-1981）的《落葉》（*Fallen Leaves*）中譯本撰寫導讀。

這兩位史家，都是一九六〇年代，在我學生時期，早就如雷貫耳，大家所熟悉的人物。可是，卻一直沒有把他們聯想在一塊，更談不上進一步研究他們、比較他們的思想。

說來非常巧合，由於八月間的兩個邀約，腦海裡很自然地同時浮現這兩位史家，而且居然發現有這麼多相似雷同的畫面。他們的年齡相差只有四歲，青年時代都經歷歐美文明的轉折期。先有「世紀末」的憂患意識，緊接著爆發第一次世界大戰。以後又有共產國家和納粹政權的崛起、第二次世界大戰的創傷，以及全球冷戰的肅殺氛圍。杜蘭和湯恩比都因為這一連串的遭遇，而獻身歷史書寫的志業。他們都有意從世界史的宏觀視野，探索文明的興衰，關懷人類整體社會文化的未來。當然，在強調他們的共同點之餘，也不可忽略，他們都有個人的特質，彼此擁有己見。

除外，有趣的是，就這兩個邀約來臨的時間點而言，現在我已從學校的專任教職退休，而且很快即將邁向七十歲了。雖然不敢賣老稱長，但只要一聽到、看到「落葉」，心理上總免不了有幾分感觸。同時，也聯想起當初在北美留學，每逢深秋的情境。只是萬萬沒料到，現在反而有機會同時研讀杜蘭和湯恩比的著作。更何況，閱讀的正是杜蘭於八、九十歲晚年期間所寫的遺作。書名隱喻了他的心境，稱做《落葉》。

一九六八年，杜蘭的《文明的故事》（*The Story of Civilization*）第十冊榮獲美國普立茲獎（Pulitzer Prize），他因此享有盛名。這套雅俗共賞的鉅著本來屬於大眾化的讀物，嚴格地講，並非專業史學的作品。然而，多半人還是把它當做世界史看待，因為它有章有節的，還算接近學院派裡的史書。在此，我們不妨先回顧一下，一九六八年前後不久的這個年代，正是歐美各地學生運動、人權運動響徹雲霄的時候，也是越戰砲聲隆隆、煙硝瀰漫的時候。杜蘭在這段多事之秋，難道能置身度外，能拒絕深思世界大局嗎？如果屈指一數，一九六八這一年，杜蘭也已經達八十三歲的高齡。在這一年之後，他仍然奮筆疾書，以比較主觀自由，不拘形式的方式，寫了幾本史論性質的作品，包括《落葉》在內。總歸這幾本晚年的結晶作品，的確融會貫通了杜蘭的歷史意識、社會意識和生命意識。

戰爭是歷史中永不歇息的夢魘，貪婪是人性裡源自原罪的特質。如果直截了當地問：人性是善？是惡？只能二選一。杜蘭的答案，肯定會直指後者。在他的幾本晚年作品中，經常可以發現一些對人生、對歷史充滿悲憤的論調。《落葉》的讀者，不妨先翻閱書中「論戰爭」和「論越戰」這兩章。不過，假使沒有事先設防，年輕的讀者說不定被杜蘭感染，一下子也對歷史和人生轉為悲觀，甚至引起內心的恐慌，以為終身難逃宿命的擺佈。杜蘭之所以有這些悲觀的想法，並非故意危言聳聽，語不驚人死不休。而是在學術上，他的確服膺達爾文（Charles Darwin），接受物競天擇的學說。他曾經直白地說：「達爾文這個名字代表西方文明思想演變的轉捩點。……要是他所說的理論正確沒錯的話，我們應該把一八五九年視為現代思想的起始點。」這段話中所說的一八五九年，指的就是達爾文

《物種起源》（*Origin of Species*）出版問世的那一年。

如果比較湯恩比和杜蘭的人性論和史觀，我們不難發現，湯恩比反而比較收斂含蓄、不如杜蘭那麼強烈曝露人類的動物本性，以及歷史中的陰暗層面。不過，這兩位世界史家不約而同，都滿懷焦慮（anxiety），一起批判十九世紀維多利亞時代（age of Victoria）的樂觀和進步史觀。

杜蘭和湯恩比的「焦慮」，毫無疑問地，都與他們所生長的時代背景有關。然而，「焦慮」除了來自外在的壓力，也源於無意識的、非理性的衝動。當它入侵到意識層面的心靈時，人們總會做出一些反應。按照心理學家羅洛．梅（Rollo May）的說法，「焦慮」能促使人們將「過去、現在和未來」，也就是「時間這項決定因素」帶入學習之中。換句話說，這就是所謂的歷史意識，或者說，是人類思維中含有「歷史性」（historicity）的來源。羅洛．梅更進一步指出：

> 透過歷史意識的能力，人類得以脫離自己的過去，而達到一定程度的自由，修正歷史對自己的影響，並在被歷史形塑的同時，也改造歷史。

以上，大致先指出了杜蘭和湯恩比兩人共有的集體「焦慮」。而後，再引用心理學家的理論，說明人們有適度的「焦慮」，說不定反而可以因禍得福，更有敏銳的歷史意識，更能昇華個人的生命意識。在英語裡，凡是自然界和人世上在短期內突然發生的重大變故，例如：地震、海嘯、火山爆發、戰爭或革命，都可以稱做 sublime（譯為災難）。有意思的是，人們因為「災難」而生「焦慮」，再由「焦慮」，而可能「脫離自己的過去」，「達到一定程度的自由」，這叫做「昇華」。我們不妨留意一下，「昇華」的英文拼寫（sublimation），不就是和「災難」（sublime）相近嗎？

順著這個線索閱讀《落葉》，我們應該可以深入杜蘭的生命意識和歷史意識。在前五章裡，他從人們的出生談起，而後經過年輕、中年、老年時代，最後死亡。面對人生的流程，杜蘭無奈地說：

> 到處都需要爲生存而掙扎，生活總是與戰爭解不開地糾結在一起。所有的生命皆是以犧牲其他生命作爲代價，所有有機體都會吃掉其他有機體。歷史本身就是個無意義的無窮循環，那些眼神充滿熱切希望的年輕人將會重蹈我們犯過的同一批錯誤，被同一類的夢想誤導。

又說：

> 歷史只有一件事是確定的，那就是盛極必衰；人生只有一件事情是確定的，那就是終歸一死。

面對人生的苦難和歷史的幽暗，杜蘭既沒有失志、趴在地上，順從宿命，也不乾脆依賴上帝，尋求慰藉。《落葉》裡，從第六章到第十一章，分別談靈魂、神、宗教、另類的再臨、道德等話題。這是全書最核心的部分，也是思想心境的翻轉，的確值得一讀再讀，反覆領會。從這幾章裡可以察覺，杜蘭如何步步超越，攀登形上思想的境界。

杜蘭基本上接受「萬物皆有生氣」之說，並且由此引伸萬物莫不有「自發性的力量」。他強調，這種源自靈魂深處的「生殖（或創生）驅力」（procreant urge），就是人類擁有內省工夫和自由意志的動能。憑藉這股動能，不斷加溫，人們才得以脫困，免於成為歷史和人生宿命論或決定論的俘虜。

杜蘭從未以典型的基督徒自居。然而畢竟成長自西方文化社會，他依舊肯定「基督至今是歷史上最有吸引力的形象」。只不過，一方面在轉化基督教的精神之餘，另方面他力求突破西方文明的局限，海納世界文化的精髓，成就所謂的睿智（intelligence）。他明白地講，睿智就是形上思想至高至上的成果。

睿智不是行動的原動力，而是與原動力相互和諧及有效的統一。

還有，睿智不可能一蹴即成。人們需要接受教育，吸收科學、藝術和歷史的知識。身為史家，杜蘭在最後一章特別叮嚀，歷史的洞察力「唯有透過大歷史的燭照方能顯明」。有睿智，能成其大，其實人們反而更加謙虛豁達，更能展現恢宏的氣度，包括面對區區個人的短暫生命。杜蘭說，

我們都是人類物種的暫時器官，是生命身體（body of life）的細胞。只有我們死去和凋謝，生命方能維持健康強壯。

每片落葉原本就是一棵大樹生命體中的一小部分。當天氣變涼了，由秋轉冬，大樹為

了適應天時，把所有的葉片由綠變黃，再紛紛飄落。即使大地白雪皚皚，整棵大樹不但沒有乾枯死亡，反而所有的枝幹被勾勒得更加挺拔有勁。

我們常說，落葉及自然景象的循環轉換，叫做生生不息。杜蘭在遺作《落葉》中，換個方式說：「生命贏了。」

二〇一五年 中秋 寫於 青松齋

（本文作者原任職中興大學歷史系教授，逢甲大學歷史與文物研究所所長。現任東海大學歷史系客座教授、國立臺灣師範大學歷史系兼任教授）

前言

目前我特別致力於寫一部名爲《落葉》的書，談我對這時代不同作家的感受和我們時代的難題。

——威爾·杜蘭（一九六八年一月電視訪談）

杜蘭正在寫一部新書，書名《落葉》，是「一部不是太嚴肅的書，要回答（讀者）關於我對政府、人生、死亡和上帝是什麼看法。」

——《聖彼得堡時報》（一九七五年十一月五日）

杜蘭同時在籌備一部書名暫定爲《落葉》的作品。他說：「我（大概是在愛麗兒[1]的協助下）打算用它來回答所有重要的問題——簡單、公道和不完整地回答。」

——《B. B. H.獨立報》（一九七五年十一月六日）

杜蘭將利用他的歐洲假期完成一部（據他自言）隨想一切問題的小書。他以黃色便條本爲稿紙，每有片刻空閒便寫上一寫，計畫在下個月回國與太太一道接受榮譽學位前完成。「我急著寫完它，」杜蘭說，「我的元氣正逐漸消散。」

——《洛杉磯時報》（一九七八年五月二十六日）

事實俱在囉。上述四句簡短的聲明，很惱人地都指向一本沒有人（包括杜蘭的繼承人）知道其曾經存在的書。而且，除非你剛好住在洛杉磯（四段引文有一段來自洛杉磯一家電視台的訪談節目，有兩段來自洛杉磯兩份報紙），否則你不可能知道杜蘭曾經有過寫作這麼一本書的念頭。真夠讓人挫折的。

可以確信這書理應是杜蘭最重要的著作，是他花了六十多年研究哲學、宗教、藝術、科學和世界各大文明之後的冠頂之作。它一定包含著蒸餾過的智慧，對人類各種永恆問題和最大歡樂有著深思熟慮的結論，因為作者不只人生閱歷豐富，還親歷過世界上一些變化最激烈和最災難性的時刻：兩次世界大戰，經濟大蕭條，社會主義與無政府主義的興起，宗教信仰的衰頹，美國人道德觀逐漸從維多利亞時代轉向胡士托（Woodstock）。杜蘭生於一八八五年，當時城鎮間的主要交通工具是馬車。他逝於一九八一年，即人類首次登陸月球的十二年後。他見證過的變遷是何等巨大，而他見證過的人類行為循環模式（經常都是可預測的）又是何等有趣！顯然，這些模式（特別是放在人類歷史的大背景下觀察的時候）是值得為未來世代的福祉和教育分享出來的。例如，在達爾文和科學已經把上帝從天國寶座推翻，只剩下沙特等存在主義者所謂的陰鬱焦慮的今日，我們該如何看待宗教信仰？是我們天性中的什麼成分讓戰爭與衝突看來不可避免？人生、愛和快樂的更深意義何在？藝術的目的何在？科學的目的何在？何種教育方法最佳？女性對男性的吸引力何在？這些問題，都是只有杜蘭這般有才能的作家和思想家回答得了的。可以想像的是，對於那

1 愛麗兒（Ariel）為杜蘭的妻子，杜蘭大部分作品皆為夫妻合著。

些在尋覓人生意義和找個博識朋友充當人生嚮導的人來說，這書一定充滿寶貴訊息。另外，一般都認為，《落葉》的手稿已無緣無故「丟失」。

我是把杜蘭的「文庫」搬到在加拿大安大略省的我家之後，才知道有這書稿的存在。我花了幾個月時間爬梳他的舊剪報、舊文章、信件、錄音帶、發霉錄影帶、雜誌文章和潦草筆記（《文明的故事》其中幾卷的底本）。過程中有許多驚喜，最主要是發現了《歷史上的英雄》（*Heroes of History*）的手稿和錄音，兩者都是杜蘭在九十三歲時完成，而他這期間顯然還有餘力繼續寫作《落葉》。不過，除了上述出自電視訪談和報紙的引文外，我找不到任何寫有這本書書名的紙張，也毫無證據顯示其手稿曾經存在過。由於杜蘭的「文庫」在他過世不久便被手稿買賣公司挖過寶，我知道我看到的東西絕非全部。我打電話給他的外孫女莫妮卡·米赫爾（Monica Mihell），請她轉告手稿買賣公司，我想知道它們的庫存裡有杜蘭的哪些東西。有些手稿買賣公司願意配合，有些沒有回電。

然後，我從一家手稿買賣公司得知，他們曾經把收購品的一份影印本寄給了「杜蘭財產管理委員會」，而這批收購品除包含杜蘭與愛麗兒的一批通信，還包含一本題為《落葉》的手稿！我和莫妮卡細細搜索杜蘭的「文庫」，又設法從該手稿買賣公司取得一份《落葉》的影印本，甚至設法想聯絡上那個也許已經把手稿買下的人，但全都徒勞無功。

手稿買賣公司表示他們已盡了應盡之責，不願做更多。

然後莫妮卡賣掉她的房子。打包過程中，她發現一個貼有「杜蘭副本」標籤的盒子，打開一看，裡面除了杜蘭與愛麗兒的兩千一百封通信（這些書信非常精彩，絕對值得出版，有些事實上在一九七七年的《雙人自傳》〔*A Dual Autobiography*〕中便刊登過），還有《落葉》不同版本的手稿。就這樣，一度丟失的東西失而復得，可以呈現在世人面前。其成果就是各位捧在手上的這本書——杜蘭最後一本未出版的著作。

《落葉》大概是杜蘭最具個人色彩的作品，呈現的是他對人生、政治、宗教、社會各種重大問題的個人看法（他其他作品則主要是介紹政治家和知名哲學家的意見）。《落葉》至少在某方面是一部理想讀物，因為，試問我們誰不曾想過要找一個比我們更有智慧的人尋求諮詢？因為，要為我們最迫切的關懷和社會議題向誰尋求忠告，試問還有比杜蘭更勝任的人選嗎？他不但活得夠久，經歷過人生各種險阻，還以知識淵博聞名，幾乎通曉所有文化與文明，又曾多次遊歷世界，追求對人類行為方式更好的了解。《落葉》裡的洞察和高見就像杜蘭其他作品一樣豐富，而且可以予人閱讀快感（他的文風一向怡人）。與大部分哲學家以深奧難懂為樂不同，杜蘭的洞見和建言不只實用，還容易為哲學門外漢所了解。

因為書中很多篇章都難得有杜蘭親手標示的日期，所以我們知道，他是在一九六七年三月二十日開始寫作《落葉》，即約略是《歷史的教訓》（*The Lessons of History*）出版的前一年，和《生命之詮釋》（*Interpretations of Life*）出版的同一年。又由於他在一九七〇年代晚期接受報紙訪談時提到他還在寫，可見整個創作過程持續了超過十年。

按照原定計畫，《落葉》除了陳示杜蘭對社會、宗教、政治各種議題的觀點外（這方面的篇章有些改寫自他較早期和較不知名的作品，有些是全新的），還會進而考察現代（即二十世紀）文學與現代哲學。他甚至已經獨自為第二部分寫出一章。但他顯然對於沒有讓愛麗兒參與其事感到不安，所以便把她拉進計畫來。於是，這個第二部分愈寫愈詳細和篇幅愈多，本身便構成一本書的份量——最終也在一九七〇年以《生命之詮釋》為名單獨出版。這當然是個明智的決定，因為陳示自己對人生的考察和詮釋，跟談論另外二十位小說家、詩人和哲學家的哲學，在在都不是太相洽的兩回事。《生命之詮釋》出版後，杜蘭回過頭繼續寫作《落葉》，直至一九八一年十一月七日去世方才輟筆。

杜蘭的生命晚年異常多產，因為他不但繼續寫作《落葉》，還抽得出時間寫另一本書，並為之朗誦和錄音。這書後來以《歷史上的英雄》為名出版，是杜蘭把歷史呈現為哲學的最後一次努力。但《落葉》仍是他最偏愛的寫作計畫。創作「文明的故事」系列期間，為符合大眾和出版社的期望，為保持客觀和公道對待歷史人物的思想，杜蘭一直壓抑自己的觀念和信念，不對重大問題發表議論——他竟能這樣保持緘默超過四十年，不可謂不神奇。就像他在「作者序」裡提到的，這期間「老是有好奇的讀者來信，問我敢不敢就人生和命運之類的永恆問題談談我的**個人看法**。」《落葉》就是他對這個挑戰的回應，其觸及的主題非常廣泛：從性愛到戰爭，到人生各階段，到心靈與靈魂，到各種重大社會議題（如種族主義），到當時還進行中的越戰，到福利國家，到藝術與科學的光輝及弊病，不一而足。

評論者也許會詬病杜蘭討論女性時偶爾流露出家長口吻。但必須記住，正如其全體作品所顯示，杜蘭並不是站在自己的時代之外，而是斷然站在其中。正因為如此，他在《落葉》裡的見解才那麼打動心弦。它們來自一個泡在幾千年歷史裡的人的沿襲智慧（received wisdom），而杜蘭也總是意識到自己不過是這歷史整體的一個零頭（他一度形容自己是「一滴企圖分析大海的水滴」）。就像我們可以從他談越戰的一章推導出適用於批判國家權力、意識形態與帝國野心的更大歷史洞察，讀者也必然會在本書各章聽出反覆響起的自由主義弦音。我相信，記住杜蘭的這一類情感，將有助於讀者全幅度享受本書的智慧，而不致為個別句子或段落所囿。就像出現於杜蘭和愛麗兒作品的眾多歷史人物那樣，杜蘭本人也完全有資格享有脈絡化（contextualization）的待遇。

所以，擺在各位面前的是杜蘭曾經「丟失」和幾乎不為人知的最後一本書稿。《落葉》包含著強烈主見、優雅文體和對人類處境的深刻洞察，是作者研究了人文學、科學、不同文化和人類歷史一輩子之後醞釀而成，所以大概也唯有杜蘭本人寫得出來。在一位普立茲獎得主逝世三十多年後方才發現其最後一本書稿，這斷然是一大文學盛事，是史哲迷和鍾愛眩目有力散文者的一大饗宴。對這些讀者而言，漫長的等待絕對是物有所值。

約翰．利特爾（John Little）

虛榮心會隨年紀而增長。我快九十五了，理應學會沉默的藝術，而且理應知道每個大學畢業的讀者早已聽過所有的意見和相反意見。可我偏偏還是誠惶誠恐又魯莽兮兮地跑出來，打算告訴世人（或百萬分之一的世人）我對每件事情的看法。更荒謬的是，我是個深深被年輕時代看事情觀點束縛的老人，本質上幾乎不可能了解這個變遷中的世界，飽受其驚嚇，只想躲入「過去」的凹槽和「家」的安適之中。

那麼，我為什麼還要寫呢？我找到的一個虛榮藉口，是因為多年來老是有好奇的讀者來信，問我敢不敢就人生和命運之類的永恆問題談談我的個人看法。但事實上，除了出於所有寫作行為都會隱含的自戀心態外，我會寫這部書，主要是由於沒有其他事情可以持續引起我的興趣。我打算要以非常不拘束的形式，也不賣弄深奧，談談在我行將就木之際，我對一些終極謎題是什麼看法。事實上，這些謎題是我好些年前便魯莽地處理過——先後見於一九一七年之《哲學與社會問題》（*Philosophy and the Social Problem*）、一九二六年之《哲學的故事》（*The Story of Philosophy*）、一九二七年之《過渡》（*Transition*）、一九二九年之《哲學的大廈（趣味）》（*The Mansions*〔*Pleasures*〕*of Philosophy*）[2]和一九三二年之《論生命的意義》（*On the Meaning of Life*）。我知道人生歸根究柢是個不解之謎，是從看不見的源頭流出的一條河，是個「多彩玻璃圓頂」[3]，有無限多可能的幽微發展，複雜得讓人無從思考，更遑論是說清楚。

然而，綜合的欲望老是牽引著我。我渴望探勘經驗與歷史的曠野，渴望把未來帶入焦點，渴望捕捉「過去」的不穩定的光，渴望在感知（sensation）和欲望的混亂中理出意義與目的，渴望發現生命之莊嚴洪流的流向並期望可以多少控制住它。這種永不知足的形而上欲求正是愛發問的人類物種高貴的一面。我們的雄心要大於我們的力所能及，但正因此，我們力所能及者又會大過我們的雄心。

所以，不管有多徒勞，且讓我們設法把人生看成一整體——這人生開始於未得我們同意便把我們扔到此世界，再整整轉一圈後必然結束於死亡。隨著我們經歷人生各階段（童年、青少年、中年和老年），且讓我們直面形上學、倫理學、政治、宗教和藝術的各種重大哲學難題，利用我們的短短人生從事一趟思想的環球之旅。此舉無可避免會讓我們發現自己的膚淺、陳腔濫調和錯誤，卻也許可以讓我們對我們複雜人生的價值和意義有多一丁點認識，以及略靠近那稱為真理的全體視角。

請不要指望在本書找到任何新的哲學系統或能使天搖地動的洞見。它們只是些凡人的沉思，不是天神的啟示。書中各篇章都是小型或微型文章，其價值繫於它們的論題而非自身的深邃或篇幅。倘若各位在其中發現任何創新的東西，都不會是蓄意為之，大概也是值得遺憾的。知識會成長，但智慧不會隨著世紀的推移而進步。我沒資格當所羅門王的老師。

所以，勇敢的讀者，別說你們沒有事先得到提醒。要讀下去的話，風險請自負。但我將會因為有你們陪伴而感到溫暖。

威爾．杜蘭

2 《哲學的大廈》後更名為《哲學的趣味》。

3 這是美國女詩人艾咪．洛威爾（Amy Lowell）一本詩集的書名。

目錄

第一章 我們人生的伊始

一群小小孩吱吱喳喳亂七八糟湧了進來
像怡人的漣漪漫過我灼熱的神經和肌膚。

——惠特曼〈爭辯之後〉（*After the Argument*）

〔13〕

我們喜歡小孩，首先是因為他們是我們的，是我們那個甘美而空前的自我的延伸。但我們喜歡他們，還因為他們是我們想成為卻成為不了的協同動物（coordinated animals）[4]——行為的單純和畫一是出於自發，不像哲學家那樣需要經過掙扎和壓抑。我們喜歡他們是因為他們自私，率性而毫不掩飾本能衝動。我們喜歡他們不虛偽的坦白：他們不會在想要我們死掉之時向我們微笑。有一句德文諺語是這麼說的，「小孩和傻瓜會說真話。」（Kinder und Narren sprechen die Wahrheit）而他們不知怎地會在真誠中得到快樂。

看看他，這個新生兒，髒兮兮而神奇，現實性（actuality）少得可笑，可能性多至無限，有能力表現那個終極的奇蹟：成長。你可以想像這個由聲音與疼痛湊成的小東西有朝〔14〕一日會明白何謂愛、焦慮、禱告、受苦、創造、形上學和死亡嗎？他正在哭，他因為在母親溫暖安靜的子宮裡睡太久，現在突然被迫自己呼吸，所以感覺疼痛。他被迫看見光，而光刺痛他的眼睛。他被迫聽見聲音，而噪音讓他害怕。冷空氣煎熬著他的肌膚，所以他所有的感覺看來盡是疼痛。但事實並非如此：為了減輕世界對他的第一波衝擊，大自然讓他全身感覺遲鈍。他看到的光是曚曚矓矓的，他聽到的聲音是模模糊糊的，像是來自遠處。他大多時候都在睡覺。他媽媽喊他「小猴子」。這話沒錯，因為直到學會走路前，他都像一頭猿。而即便他還不算是完全的雙足動物，但子宮內的生活給了他那雙逗趣的小腿如蛙腿般的無窮彈性。要直至學會說話之日，他方會把身上的猿留在後頭，開始顫巍巍地向人的位階攀爬。

看看他。看看他怎樣透過隨機摸索，一點一點學會各種事物的性質。世界對他而言是個謎：他抓、他咬、他扔，都是向危險經驗伸出的偽足[5]。好奇心會籠罩他，讓他成長。

他會觸摸一切東西，從玩具到月亮，把它們放進嘴巴裡嚐味道。其餘事情他都是靠模仿學來——但他父母卻以為他是靠聽說教學來。他們教他舉止要溫文，卻會打他；他們教他說話要溫柔，卻會吼他；他們教他別貪心，卻會在他面前為錢爭吵；他們教他為人要誠實，卻會用謊言回答最高深的問題。所以，透過模仿，子女會顯示出我們其實是何種人，並因此為我們帶來教育。

小孩也許就是哲學的起點和終點。他不間斷的好奇心和成長居於所有形上學的核心。〔15〕看著他躺在搖籃裡，或看著他爬過地板，我們會看出生命並不是一種抽象，而是流淌的真實（flowing reality），不受一切機械化範疇或物理公式所囿。在小孩無比緊急的心情中，在他有耐性的努力和建構中，在他向上提升（從爬行提升至走路，從無助提升至有力，從襁褓提升至成熟，從驚奇提升至智慧）的決心中，我們窺見了史賓塞（Spencer）所謂的「不可知者」（Unknowable）、康德所謂的「物自身」（Noumenon）、經院哲學所謂的「至真存有」（Ens Realissimum）、亞里斯多德所謂的「原動者」（Prime Mover）和

4 「協同動物」應是指在行為上有群體一致性的動物（如雁）。

5 原生動物為運動或捕食而伸出的足狀體。

柏拉圖所謂的「本真存在」（To ontos on）。這種成長動力比事物的長闊高厚或機器的滑輪、槓桿、齒輪更接近實相的核心。生命就是意味不滿足，意味掙扎和尋求，意味吃苦和創造。沒有任何機械主義或唯物主義哲學能公道地對待這種動力，或能明白一棵樹的無言生長與莊嚴，或能規限住小孩的嚮往與笑。

童年也許可以定義為遊戲階段。職是之故，有些小孩從來不小，有些大人從不曾長大。

第二章
論年輕

年輕是從遊戲階段到工作階段的過渡時期，是從倚賴父母到倚賴一己的過渡時期。年輕人有一點點無法無天和自尊自大——因為他的每個突發念頭或想望都會被不知吝惜的父母之愛所滿足。被保護寵愛多年後，年輕人開始進入世界，第一次嚐到自由的滋味，他暢飲自由的歡愉，等著要征服和重塑宇宙。〔16〕

狄摩西尼（Demosthenes）[6]說過，優秀的演講術有三大特徵：行動，行動，行動。此話未嘗不適用於年輕階段。[7]年輕，有人自信滿滿和無所顧忌得像個神。他愛刺激和冒

6 古希臘著名演說家。

7 指年輕人做事不加思慮，想到什麼便去做。

險多於吃食。他愛最高級（superlative）、誇張和無度，因為他有豐富的精力和煩躁可以釋放自己的力量。他愛新鮮和危險事物，一個人年不年輕端視他愛不愛冒險。

他不太能忍受法律與秩序。人們要求他安靜，殊不知噪音乃是年輕人的重要介質；人們要求他消極無為，殊不知他嚮往行動；人們要求他保持清醒和審慎，殊不知年輕的血液會讓人陷於「持續的酣醉」。那是一個放任的年齡階段，以「無事不過分」（Panta 〔17〕 agan）為座右銘。他從不疲倦，總是活在當下，從不為昨天後悔，從不為明天憂慮。年輕是一個感官尖利而欲望尚未冷卻的階段，經驗還沒有因為重複和幻滅走味，每個感覺皆甜美而輝煌。在年輕人眼中，每一刻都因其本身而值得愛，世界被視為美學景觀，等著人去吸收和享受，值得為之而寫詩，值得為之而感謝星辰。

快樂意味著本能的自由發揮——年輕亦復如是。對我們大部分人而言，年輕是我們唯一**真正活著**的階段。大部分年過四十者不過是個影子，是火焰燃燒後剩下的灰燼。人生可悲之處在於他只會在偷走青春後方給予我們智慧。「若年輕人有經驗而老年人有精力，會多好啊！」（Si jeunesse savait, et vieillesse pouvait!）旨哉斯言。

快樂繫於行動。忙碌是優雅的訣竅，也是知足的一半訣竅。所以，我們應該向諸神求的不是萬貫家財，而是有許多事可做。快樂繫於創造事物而非消費事物。梭羅

（Thoreau）嘗言，在烏托邦裡，每個人都會自己蓋房子，然後歌聲會回到人的心中，一如築巢的鳥會唱歌。要是我們無法自己蓋房子，起碼應該要能跑跑跳跳。我們不應讓自己老得只觀看賽球而不軋一腳。**讓我們來遊戲**就像**讓我們來禱告**一樣好，而結果也會更讓人更振奮。

因此，年輕的智慧表現在看重運動場多於教室，看重棒球多於哲學。多年前，一個四眼中國學生形容，美國大學都是「體育協會，學習機會都是留給體弱的人。」他的話不若 〔18〕
他以為的那麼刺耳，也是他自身的寫照。每個哲學家都應該像柏拉圖那樣，是個運動員。若然不是，我們就該懷疑他的哲學。

尼采說過，「當紳士的第一要件是他得是頭完美的動物。」教育制度應該以這話為基礎，強調對身體和頭腦的重視不可偏廢。當一個身體因為常睡在露天野外且常在大太陽底下活動而變得強壯，失戀的悲哀和真理的苦澀就會莫奈其何。

年輕也是一個學習階段，包括學習閱讀（這是人在中學裡唯一能學到的），以及學習從哪裡和怎樣找到他日後也許需要知道的知識（這是大學人文學科最棒之處）。除非是能用於生活和透過生活驗證，任何從書本學來的知識都了無價值，不會對行為和欲望產生影響。真正的教育來自人生，特別是來自人生中的愛。

自我意識隨青春期來臨而出現，而自我意識是思慮的源頭。突然間，男生不再動輒魯莽行動，變得心事重重。女生開始更仔細梳裝打扮，更刻意地弄亂自己的頭髮。她一天裡有十小時在思考該穿什麼衣服，會有一百次不自覺而嫵媚地把裙子拉低蓋住膝蓋。男生開始洗脖子和擦皮鞋，他的一半收入花在女生身上，一半去了裁縫口袋。女生學會臉紅妙用，而男生（美人當前時）走路的樣子則如同「自己的兩條腿被偷走了」。性意識的成長與知性的發展亦步亦趨。本能衝動會讓位給思慮，魯莽行為會退入安靜沉思。詩和想像力就是盛放於此時，上千個幻想和宏美的雄心會溢滿靈魂。

年輕人檢視自己的同時也會檢視世界。他會伸出無數的觸鬚去探問世界的意義。他無可避免會對邪惡、起源、演化、天命、靈魂和上帝的問題好奇不已。自此而下，他也許會「皈順」宗教，又或是陷於對宗教的懷疑。宗教也許會透過依附於年輕人愛的新衝動而強化，又也許會拚命反對年輕靈魂裡那條愈來愈寬的欲望瀑流，給宗教自身招來敵意，受到當事人以無神論報復。

年輕人也差不多是在這個時候發現哲學，並把它轉化為邏輯的較量。他的整顆心會盛放為歌與舞，他的美學意識會被溢流的欲望澆灌，音樂與藝術由是誕生。發現世界之後，年輕人將會發現邪惡，惶恐地認識到人類物種的可怕。家庭是以互助為原理，但社會的原

〔19〕

理卻是競爭，是生存鬥爭，是汰弱留強。受此震撼，年輕人會產生反抗心理，會呼籲世界締造一個大家庭，以為年輕一代提供保護和同志情誼，社會主義的年齡階段由是開始。然後，年輕人會慢慢被個人主義的賭局吸引，賭博熱情會悄悄潛入他的血液，讓他在物慾的驅使下伸出雙手攫取黃金與權力。反抗心理至此終結，賭局持續。

最後，年輕人會發現愛。這種愛被稱為「小兒女之愛」（puppy love），是那首將要來臨的靈慾交響曲虛無飄渺的前奏。它知道何謂早熟和懵懂欲望的孤單掙扎。但這些掙扎會深化精神（spirit），讓它準備好在孺慕中自我獻出（self-abandonment）。〔20〕

看看愛戀中的少男少女，他們的美善中何嘗有一絲邪惡?看看那女孩，隨著生命的溪水在她內在漲起為意識的創造，她突然變得安靜和若有所思。看看那男孩，他性急而蠢蠢不安，卻又是那麼殷勤而溫文，深知求愛過程的貴重，血液裡燃燒著飢渴卻又能夠提升為神奇的溫柔和忠誠。這是文明和文化在歷經無數世紀之後的臻於完善，浪漫愛情要比思想或權力的勝利更是人類成就的峰巔。

我們老一輩都是早早結婚，因為浪漫愛情會讓我們自願忠誠。反觀今日，不安穩和複雜的生活，讓人們把結婚的時間往後拖延到與愛的年齡階段（age of love）愈離愈遠。在性慾萌芽至奠定穩固經濟基礎這段時間愈來愈拉長，年輕人都會做些什麼呢?讓不害臊的人回答吧。但難道現在不已經到了時候，是我們應該勇敢面對問題，並明白到文明必須在恢復早婚和放棄愛之間二擇其一嗎？

有些人口口聲聲譴責年輕人「不道德」，自己卻又因為經濟上的疑慮而遲遲不婚，以雜交解決需要，對性有不自然的需索（性的生命在於愛）——這種人要不是偽君子便是蠢才。性慾是那麼強有力的東西，用道德禁制去譴責它，實屬不合情理。事實上，性慾的力量在每一代人身上都會更強大一些，因為每一代都是由更旺盛的慾力挑選出來的。過不了多久，生命的洪水就會沖破我們的不真誠，在我們閉上眼睛時，為我們打造出新道路和新道德。

大概，在為時已晚之後，我們將發現，為得到可憐兮兮的安全感（懦夫會在黃金裡找到它），我們已賠掉了我們文明中最寶貴的東西：一男一女間忠貞的愛。所以，有足夠智慧的年輕人會珍視愛多於一切。他會保持身心潔淨等待它的來到，用婚約延長它的日子，用莊嚴的婚禮儀式去認可它，決絕地讓一切臣服於它之下。所以，夠年輕的智慧會珍視愛，用忠誠來滋養它，用犧牲來深化它，用生兒育女來讓它保持活力，讓一切臣服於它之下直至最終。哪怕愛會用勞動消磨我們，會用悲劇淹沒我們，會用分離讓我們斷腸，都應該讓愛先來。因為，愛值得人為之付出任何代價。

〔21〕

第三章
論中年

年輕階段隨結婚而結束。一個人會在婚後翌日老五歲，男女皆然。生物學上來說，中〔22〕年始自婚姻，因為自此，工作和責任會取代無憂無慮的遊戲，激情會臣服於社會秩序的限制，而詩會讓位給散文。這種轉變的速度隨風俗和氣候的不同而異。在我們的現代化城市，人們傾向於晚婚，青春期變長。但在南方和東方，人們傾向於年輕階段的高峰期結婚，一到兒女長大便進入老年。

霍爾（G. Stanley Hall）指出，「年輕的東方人十三歲便動用生殖機能，三十歲便會耗盡精血，需要求助春藥……熱帶女人三十歲便常常會有老態。總的來說，成熟得晚點的人會晚點老。」所以，說不定，若是能夠透過延長青春期和教育階段，把我們的性成熟延後至經濟成熟之後，文明就可以被提升到一個前所未有的高度。

每個年齡階段都有它的長處與短處，有它的責任與歡樂。亞里斯多德認為卓越和智慧〔23〕的訣竅在於中庸之道，所以，我們也許可以透過排比少年、中年和老年的特質，看出中年這個中間階段的一些優點。以下是一個例子：

年少	**中年**	**老年**
本能衝動	歸納	演繹
創新	習慣	成規
發明	執行	阻礙
遊戲	工作	休息
藝術	科學	宗教
想像力	理智	記憶
理論	知識	智慧
樂觀主義	世界改良論	悲觀主義
激進主義	自由主義	保守主義
專注於未來	專注於現在	專注於過去
勇敢	審慎	膽小
自由	紀律	權威
搖擺不定	穩定	停滯

這清單可無止境地開列下去，把一層又一層老僧常談堆疊上去。但從這種排比，中年階段顯示出它至少有一個讓人告慰之處：它是一個成就和地位已確立的階段。雖然不再有年輕人的朝氣和熱情，但中年人會獲得隨著安全而來的靜謐，以及隨著權力而來的自豪。他想得到的物質已經得到，不再只是盼想。

三十五歲是人生曲線的最高點，既還留有夠多年輕歲月的激情，又能以增廣了的閱歷和更成熟的理解力駕馭這激情。人生的性成熟高峰期亦出現在差不多時間，三十二歲上下〔24〕是青春期與更年期的中間點。

隨著我們在經濟世界建立一席地位，我們的反抗心理也會消退，這就好比我們足履大地時會討厭地震。我們會忘卻我們的激進主義，投入溫和自由主義的懷抱——自由主義是被銀行戶口柔化過的激進主義。年過四十之後，我們會寧可世界不再轉動，寧可變動不居的人生風景會凝結為一幅靜物畫。保守心態會在中年階段增加——這部分固然是出於智慧的增長（這智慧看出制度的複雜性和欲望的不完美性），但部分也是精力的下降致之。歷來第一次，我們又驚訝又洩氣地發現，我們在我們的精力蓄水庫汲過水之後，它不會自動灌滿。

這發現會讓人生黯淡若干年，我們開始哀怨人生短暫，哀怨不可能在這麼短短時間內實現自我。我們站在山頂，用不著眯起眼睛便可看見山腳下有什麼：死亡。於是，我們更賣力工作，以忘掉有什麼等在前頭。我們把目光轉向記憶，轉向我們的人生還未蒙上陰影時的往昔。我們樂於和年輕人作伴，以便沾一點他們無憂無慮的心情。所以，中年階段賴以找到充實與快樂的方法，乃是工作和養兒育女。

以下這個通勤者是中年階段的寫照。他邊吃早餐邊打量報紙頭條，匆匆吻過妻子和小孩後便出門上班。他趕到火車站，和月台上的其他通勤者談了幾句天氣，在火車中讀報，小心翼翼走過下曼哈頓的水果攤和垃圾堆，再像個溺水者那樣握緊吊環，被地震似的地鐵車廂震得頭昏眼花。到達公司之後，他的重要性消失了。沒有什麼重要決策需要由他作主，他負責的只是讓人昏昏欲睡和一再重複的例行公事。但他還是忠實地把工作做好，其間老是看鐘，想像傍晚和家人一起度過有多麼愉快。他在五點踏上歸程，內心好不興奮。他和同車的通勤者交換露骨的笑話，對國球的每日悲劇以哲學家的超然態度淡然處之。他在六點回到家，而到了八點，他開始納悶自己幹麼趕著回家。

因為到了這個時候，他已經探索過愛的深度，已經發現到它的平和外觀下潛伏著戰爭。熟悉感與疲乏已冷卻他身體的熱情。他的太太不再為他裝扮，穿的是皺巴巴的家常睡衣。反觀他白天碰到的女人個個花枝招展，媚態可掬，散發著春藥般的香水味，讓他想入

〔25〕

非非。但他仍然賣力去愛自己的太太，每天固定匆匆親吻她兩次。他出過一或兩次軌（感謝老天他都沒有被逮到），卻發現通姦不如想像有趣，於是自甘歸於平淡生活，改為靠除草、打牌、打高爾夫和聊政治打發時間。但最後一種娛樂很快便讓他覺得乏味。最後，他斷定天底下最有智慧的話是憨第德（Candide）[8]說過的這句，「我們必須耕耘自己的一畦園圃。」他種植馬鈴薯，獲得了中等程度的心靈平靜。

同一期間，他太太也從人生學到了些什麼。在當初與丈夫交往的浪漫年月，她被奉為女神，然後突然間，她發現自己成了煮飯婆。這發現讓她灰心氣餒，何必要為一個把她當成免費女傭的男人費事梳妝打扮呢？又或者她是個用不著煮飯、用不著打掃的主婦，有女傭代勞，一整天養尊處優。這樣的話，她會用早上來打扮，用下午來改造無產者。她閱讀衛生學和為人母之道的書籍，教導貧窮的女人如何養育小孩（其實這些女人想知道的只是怎樣才不會再懷孕）。她會參加才藝班、組織讀書會和帶著浪漫耐性聆聽小說家和哲學家的巡迴演講。

然後，突然間，她不知怎地當上了媽媽。她又是高興又是惶恐。生小孩說不定會要了

〔26〕

8 法國文豪伏爾泰諷刺小說《憨第德》的主角。

她的命，剩下來可以讓她鍛鍊好身體以應付生產的時間已經不多。但她同樣覺得自豪，感到自己臻於成熟，她終於是個真正的女人了，不再是個傻呼呼的女孩，不再是家裡的花瓶或性便利品。她勇敢經歷了自己的磨難。望向自己的小孩時，她先是哭了一下，繼而又對小嬰兒前所未有的美驚訝不迭。她甘之如飴為小孩做牛做馬，白天忙個不停，晚上難得完整睡一覺。她完全沒有時間尋找「快樂」，但奇怪的是，她的眼神裡卻煥發著喜悅的光芒。她的丈夫又是怎麼回事？他看孩子的眼神怎麼會那樣溫柔？他抱小孩時怎麼會那麼喜孜孜？怎麼會那麼願意寶愛他、保護他、為他付出？會不會是因為，從來沒人想過的，在這小孩的內在，寄託著人生的重心，寄託著滿足的訣竅？

第四章
論老年

人應該在巔峰階段死掉，但是沒有，正因為這樣，「年輕」與「死亡」才會在街上碰見彼此。多年前，一個哥倫比亞大學的學生在圖書架裡快樂閒逛，正要繞過一個書架時，赫然迎面遇上一個白髮老翁。對方彎腰駝背，年約八十。兩人默默對視。年輕學生在心裡說，「這個是將來的我。」老翁亦透過眼神說話，「我一度像你一樣年輕，一樣渴求知識，一樣盼望有所成就。但現在我夜夜無眠，盡回憶些雞毛蒜皮的小事。白天則盡是細讀泛黃的報紙，回顧我年輕時代發生過的世事。」又有一次，年輕人在街上被一幕景象吸引，停下腳步。只見一個蓄腮鬚的老人家拄著拐杖，站在第五大道洶湧如尼加拉瀑布的車流前面，不知所措。他滿臉皺紋而臉色病黃，表情又慈祥又困惑又惱怒，代表著一個被激 〔27〕

烈變遷的世界拋在後頭的悲哀世代。諸神大概就是擔心這類人的心靈會因為無窮變化的壓力而崩潰，才會把石磨推得那麼緩慢。〔28〕

何謂老年？毫無疑問，老年基本上是一種肉體狀態，是原生質無可避免地走到自己的生命極限。那是一種生理和心理的萎縮，是一種血管與範疇的硬化，是一種思想和血液的停滯。一個人有多老端視他的血管有多硬，有多年輕端視他的觀念有多活潑。人的學習能力看來每十年便會大衰退一次，就像是大腦裡的連結已經堆得滿滿，架床疊屋地成了毫無彈性的模式。新的材料看來無法找到儲存空間，而新獲得的印象會模糊得像政客的承諾一樣快，或散佚得像選民對這些承諾的記憶一樣快。隨著衰老的推進，線索和連結會丟失，協調性會搖搖晃晃，讓人陷入退化性的迂迴[9]，變得像德昆西（De Quincey）[10]一樣喜歡憶往懷舊。

就像小孩愈小會長得愈快，老年人每過一天都老得愈快。另外，就像剛到世界的小孩會受到感覺遲鈍的保護，老年人亦會因為感官和意志的漠然而變得輕鬆。大自然都是先對老年人慢慢進行全身麻醉，才批准「時間」的大鐮刀完成最大一宗手術。

隨著感官強度消退，活力感亦會減弱，對生命的欲望會被漠不關心與耐心等待取代，對死亡的恐懼會奇怪地與對歇息的渴望混合起來。如果一個人好好活過，如果他對愛曾經有全面認識，如果他的人生經驗成熟豐美，那他大概就能帶著若干心滿意足離世，空出舞台讓一齣更好的戲上演。

但這齣「戲」會不會從來不會更好，從來只是環繞著苦痛和死亡打轉，沒完沒了重複講述同一則愚蠢故事？這是個癥結，它引起的懷疑心態會從智慧的心臟處開始啃咬，讓老〔29〕年不得安寧。厚顏無恥的通姦和精心策畫的謀殺從來不曾少過，未來看來也不會減少。叫人擔心的還有大洪水，把數以千計的生命和幾代人的勞力成果毀滅。再來還有鰥寡孤單、破碎的心和短暫而痛苦的愛情。再來還有官員的傲慢、法律的延宕、法官的腐敗、君王的無能。再來還有會讓人肌肉變大頭腦變小的奴役。

到處都需要為生存而掙扎，生活總是與戰爭解不開地糾結在一起。所有生命皆是以犧牲其他生命作為代價，所有有機體都會吃其他有機體。歷史本身就是一個無意義的無窮循環。那些眼神充滿熱切希望的年輕人將會重蹈我們犯過的同一批錯誤，被同一類的夢想誤導。他們會吃苦，驚奇，放棄，變老。

---

9 這裡的「迂迴」為醫學用語，指說話囉唆而充滿贅語。

10 德昆西為十八、十九世紀英國散文家。

第五章
論死亡

歷史只有一件事情是確定的，那就是盛極必衰；人生只有一件事情是確定的，那就是〔30〕終歸一死。這可以是老年階段的大悲劇，也就是說，當它以不再浪漫的眼光往前回顧時，它也許只會看到人生的種種苦。當生命拋棄我們，我們會很難再去讚美生命。又即便我們讚美它，也不過是因為我們想重新得到它，以離形去體和不死靈魂的方式再次活著[11]。

但萬一是因為生命本身的緣故，所以我們必須死呢？事實上，我們並非一些個體，而正是因為我們自視為一些個體，死亡才會看似不可原諒。我們都是人類物種的暫時器官，

11　這裡應是指基督教所謂的「死後生命」。

是生命身體（body of life）的細胞。只有我們死去和凋謝，生命方能維持健康強壯。倘若我們永遠活著，「成長」將會窒息，而「年輕」在世上將不會有存在空間。死亡就像是一種風格（style），是為移除垃圾而設定，是為割去多餘之物而設定。

我們從我們逐漸老去的身體分離出一個部分，稱之為小孩。透過我們不氣餒的愛，我們在我們的舊形體死去之前把元氣傳遞給這個形體。透過為人父母，我們橋接了代與代的鴻溝，逃過了死亡的敵意。瞧，即便是在大洪水中，一樣會有小孩誕生；瞧，即便是在擠滿難民的車子上，也突然會出現一對雙胞胎；瞧，在滔滔惡水的圍繞下，一個媽媽正在樹上餵哺她的嬰兒。生命會在一片死亡中永恆更新自己。

所以，智慧可以是老年的一份禮物。能夠以恰如其分的角度看事情，能夠把每個部分放在它們與全體的關係中對待它們，我們將會獲得全面的觀照，從而原諒一切。設若哲學的試金石之一在於它能不能給予人生一種可克服死亡的意義，那智慧將會顯示，腐敗的永遠只是部分，而「生命」本身不會隨著我們故去而死亡。

三千年前，有個人揣想人也許可以在天上飛，便給自己造了雙翅膀，他兒子伊卡洛斯（Icarus）[12]相信這東西管用，戴上它飛上天，最後墜海而死。但「生命」沒有被這失敗嚇倒，把同一夢想繼續帶在身上。三十代人之後，達文西在紙上畫下他設計的飛行器草圖

（這些草圖美極了，會讓看見的人因疼痛而屏息），又在筆記裡留下短短一句話（聞之者會像聽到回憶裡的陣陣鐘聲）：「翅膀一定造得成。」達文西最後失敗了，死了，但「生命」繼續把這夢想帶在身上。一代又一代人過去，其間不斷有人說人不可能飛行，因為那有違上帝意旨。但最終，人還是飛上了天，回應了那個為時久遠的鳥之夢的挑戰。「生命」就是這麼一回事：能堅持一個目標三千年，從不動搖。個人會失敗，但「生命」會成功。個人是愚蠢的，但「生命」在它的血液和種籽裡攜帶著一代又一代人的智慧。個人會死去，但「生命」不知倦怠又從不氣餒。它會繼續驚奇、嚮往、計畫、嘗試和攀登。

〔32〕

話說有個老人臥在病榻上，行將死去，四周圍繞著無能為力的朋友和哭哭啼啼的家屬。他骨瘦如柴，肌肉鬆弛而龜裂，面無血色，嘴巴裡沒半顆牙齒，口不能言，目不能視——多麼可怕的光景啊！為了走到這一天，他經歷了年輕階段，體驗過它的各種期盼與考驗；為了走到這一天，他經歷了中年，體驗過它的種種折磨和煎熬。為了走到這一天，他經歷了健康、強壯和歡樂的競技；為了走到這一天，他經歷了知識、科學與智慧。過去

12　古希臘神話人物，用父親所製的蠟造翅膀與父親一起逃離克里特島，但途中不理會父親警告，愈飛愈高，最後雙翅遭太陽融化，跌落水中喪生。

七十年來，這人一直艱苦賣力學習知識，他的大腦成了各種不同經驗的儲藏庫，是千百種細緻思想和行為的中心。透過吃苦，他的心學會溫柔，一如他的腦學會了體諒。七十年時間讓他從一頭動物成長為一個有能力追求真理和創造美的人類。但死亡已經臨到，正在掐住他脖子，正在凍結他的血液，正在箝緊他的心臟，正在粉碎他的腦袋，正在他喉頭咯咯作響。死亡贏了。

外頭，綠色枝頭上的小鳥快樂啁啾，公雞正對著太陽唱讚歌。小溪奔過原野，花蕾打開，花莖自信地抬起頭。樹液在樹裡脹起。瞧瞧那些孩子。是什麼事情讓他們這樣喜孜孜，讓他們瘋也似地跑過被露水沾溼的草地，讓他們笑著、叫著、追逐、喘著氣和永不疲倦？他們是何等的精力無窮、元氣淋漓和快樂！死亡干他們底事？他們將會學習、成長、去愛、掙扎和創造，並可望在死前把「生命」再推高一小個刻度。透過無微不至的呵護，他們將會讓子女比他們優秀一些些。當他們故去之時，他們將會以他們的子女騙過死亡。

「生命」贏了。

第六章
我們的靈魂

〔33〕看，到處都有尖塔聳起，有些是宏偉的城市大教堂，有些是簡樸的鄉村禮拜堂。它們無視絕望而鼓舞希望，在大地上的每個高度向天聳峙。它們在世界上每個國家的每條村子睥睨懷疑，邀請疲憊的心靈向它們尋求安慰。但這一切會不會只是徒勞的幻象？生命之後會不會只是死亡，死亡之後會不會只是腐爛？我們不知道。但只要人間繼續有疾苦災殃，這些尖塔就會繼續存在。

當我們的存在看似終了，是不是還會有什麼東西留下來？現在看來是適合探討這個問題的時機了。但我們得先定義一些名詞，包括物質、空間、時間、感知、知覺、心靈、自我、意識和靈魂。康德花了八百頁去做這件事，但因為我的心靈不如他複雜，所以即使只會用上比康德少得多的篇幅，我也很滿足了。

我把「物質」理解為佔據空間的東西。理論物理學（它已漸漸變為另一種形上學）把物質化約為近乎不佔空間的能量，但我認為這種主張無異於神祕主義。我繼續知覺到佔據空間的物體，也繼續相信不管我知不知覺到這些物體，它們照樣存在。這種觀點已經被數〔34〕以百萬計的實驗和數以十億計的人類同胞證實過。我承認，物體獨立於我知覺之外的樣子是我所無法認識的，因為凡進入我視線的物體，樣子都會經過改變，既受我感官結構制約，又會被落在物體和我眼睛上的光線所影響。但如果我假定物體是我的知覺所創造，那我就可以輕易地用約翰生（Smauel Johnson）的粗暴方法點醒自己：踢一塊結實的石頭。[13]

主觀地說，「空間」是兩個知覺的並存，即同時知覺到兩件物體（或一左一右，或一上一下）。客觀地說，「空間」是運動的可能性與媒介。至於「時間」，主觀地說是前後相續的知覺，客觀地說是變化的可能性。不管我看見與否，樹木都會生長與凋謝；不管有沒有眼睛看著，四季都會交迭更替。即便沒有任何耳朵聽見，枯萎的大樹倒下時都會發出轟然巨響。世界不是如叔本華（Schopenhauer）所說，只是「我的觀念」：它是一個鐵錚錚的事實，而你我都是過客。

既然物質是佔據空間的東西，那我必須承認，心靈並非物質，因為我經過直接和反覆的內省，都沒發現它有絲毫佔據空間的跡象。心靈要諦視一里長度就像要諦視一寸長度一樣輕鬆。我把「心靈」定義為一有機體所有知覺、記憶和觀念的總體，有時還包括意識。所謂「感知」（sensation），是一種外在刺激或內在狀態所引起的感覺。感知可以是無意識的，並產生無意識的反應。例如當我睡著而又有人搔我腳底，我的腳趾會自然縮起來。當我們意識到一個感知，並能說出它的原因或位置時（「我耳朵裡痛」、「一聲雷 〔35〕
響」），它就會成為知覺（perception）。

感知、知覺、記憶和觀念在神經系統皆有它們相對應的物質，但它們要依附於這些對應物質之上，而且是我們可以在內省中意識到的。休謨（David Hume）固然曾經把心靈化約為知覺或觀念之流（stream），但他對自己這番意見其實沒有認真看待。透過內省提供的直接證據，我們得知我們的心靈除了前後相繼的心理狀態外，還有著連續性和一貫性，換言之，有著一個「自我」。另外，我們可以區分醒著的意識和睡著的意識，區分知覺和記憶。這一點，一直是每種唯物主義形上學背上的一根芒刺。

13 約翰生為十八世紀英國知名文學家，他曾經用踢一塊大石頭的方法「否證」哲學家柏克萊主張的：事物只是我們的知覺創造。

在這個節骨眼，精神分析學家提醒我，我的人格和我的思想有很大一個部分是受「潛意識心靈」影響。我倒是寧可稱之為「生理自我」：它是儲存在我們神經系統裡的所有過去（甚至我們物種）的感知、行為、欲望和恐懼。這些東西有時會進入我們夢中，有時還會進入我們清醒著的意識（每當當前經驗喚起一個儲存在神經系統裡的相關記憶時就會如此）。這一類蟄伏的記憶是自我與靈魂的一部分。意識並不是整個靈魂，只是靈魂的最高成就。

靈魂有別於心靈。就我的理解，靈魂是每個身體的內在指導性和賦力性力量，存在於每個細胞和每個器官。它與呼吸緊密相連（「呼吸」和「靈魂」的拉丁文都是spiritus），如果呼吸永遠停止，靈魂就會漸漸死去。但它又不僅僅是呼吸，因為它還可以從呼吸上升為身體或心靈最精微的功能。當我內省時，我知覺到的不是只有感覺和觀念，而還有欲望、意志、野心和自尊，它們都是我之為我至關重要的部分。史賓諾莎[36]（Spinoza）說得沒錯：欲望是人的精髓（desiderium ipsa essentia hominis）。直到我們最終承認失敗以前，我們都是一把熊熊的欲望之火。「意志」是用觀念表達出來的欲望，而如果沒有受到相反或替代性的欲望和觀念阻礙，它就會發而為行動。個性（character）是我們的欲望、恐懼、脾性（propensities）、習慣、能力與觀念的總和。

正是靈魂或**普緒喀**（*psyche*）[14]塑造出我們的身體和臉——這塑造過程會在遺傳基因和環境畫定的限制中進行，又會依循遠祖的塑形路線進行。當變形蟲伸出一根臨時手臂[15]要攫住和包圍某件它想要的東西時，正是欲望塑造出這手臂。而如果這種欲望持續很多代，那胚胎的靈魂或說指導性力量也許就會產生出一根永久的手臂。對，在這一點上，我是離開了達爾文而有保留地回到拉馬克（Lamarck）[16]。我相信，萬物裡頭都有某種塑形力量，也就是我所謂的靈魂。所以，我要再一次附和史賓諾莎的話：萬物皆有生氣（omnia quodammodo animata）——哪怕這「生氣」在石頭只表現為電子之舞。

不過，我無法接受史賓諾莎的決定論。因為決定論把意識看成是多餘的累贅，我卻不能相信那麼持之以恆的一種演化會不具有生存上的價值。它的價值之一是充當預演的舞台，讓我們在面對一種處境時可以先測試各種可能的反應，憑著既有經驗預想每個可能反應的後果，影響最終行為。延後反應讓我們有時間可以把處境的每個重要方面列入考慮，〔37〕

14 古希臘神話人物，被認為是人類靈魂的化身。

15 這在生物學上稱為「偽足」。

16 拉馬克，法國生物學家，主張生物在遇到新的環境後會改變習性，經常使用的器官會發達增大，不經常使用的器官會退化縮小，並把新獲得的性狀傳給下一代。

從而做出明智和足夠的反應。倘若意識對行動毫無影響，倘若每個反應都只是一個對機械性刺激的機械性反應，那醒著的生活不過是另一場夢，而潛意識力量將會決定每個知覺、感覺和觀念。

我承認，決定論的基本邏輯看似不可否證。宇宙歷史的每個片刻看似都是無可避免地從前一個片刻衍生而出，乃至莎劇的每一行字最終都可以從某團太古的星雲找到原因和解釋。這種說法比中世紀的奇幻故事更難讓人入信。我傾向信賴自己的直接內在知覺多於任何三段論論證。看看有多少事情是曾經被「邏輯」加以「證明」，卻又被後來的邏輯家否定的！歐幾里德的命題被高斯（Gauss）和黎曼（Riemann）推翻是一顯著例子，牛頓物理學被愛因斯坦推翻是另一顯著例子。邏輯只是一種人類產物，宇宙並沒有責任要理會。

要是我們相信（我自己就是這樣相信）自然界的事事物物莫不擁有某種自發性力量（這力量在從氣體演化為人類的過程中變得愈來愈複雜），那我們就有了一條可逃離決定論的出路。在人類，決定行為的因素除了遺傳、大環境和小環境（他們是決定論的鐵三角），還有靈魂的「生殖驅力」（procreant urge）。沒有這種浩浩蕩蕩的驅力，生長將是不可理解的。在我裡面，除了有機械性力量在運作以外，還有一個**我**在運作，它不只是一部感知、記憶和反應的機器，還是一股力量和意志。我擁有的自由與原創性也許不多，每當我內省，我看到的不是機械裝置，而是野心、欲望和意志。生命的本質是欲望而非經〔38〕驗，而當欲望受到心靈的啟蒙，經驗就會成為欲望追求目的的工具。

但如果我的行動真有任何自由成分可言，它們又是怎樣在一個受力學法則和決定論宿命性支配的外在世界找到發揮空間的？也許是因為，外在世界根本不是什麼盲目的機器，而是紛紜（又經常是互相衝突的）意志和元氣上演的舞台的場地，而力學的「法則」主要只是這些力量的大致平均值。物理學本身看似也正在朝這結論靠攏：海森堡（Werner Heisenberg）的「測不準原理」和珀爾（Niels Bohr）的「複式世界」（duplex world）觀念都有這種味道。[註1]又或者，我們可以用史賓諾莎的方式理解自由和必然的並行不悖，實相雖是單一實體，卻有著兩種不同屬性或曰兩個不同面向：物質性延展（material extension）和不佔據空間的思想。而我們則是實在界裡可以同時知覺到兩者的部分。[註2]

雖然我愛戀我獨一無二的靈魂，但不指望它能在我的身體死亡後繼續存活。人死後，靈魂會瓦解為一些局部靈魂，繼續賦予身體一些部分生氣——這就是何以屍體的頭髮和指甲還能長一陣子。等屍體完全腐爛，剩下的「無機」碎塊一樣會留有各自的靈魂，或說各自的啟動力量。但讓我之為我的那個靈魂，連同我的個人記憶、欲望和個性，必然會隨著我身體的腐朽而解體。

在這一點上，我再一次要與我偏愛的哲學家史賓諾莎分道揚鑣。各位應該記得，在〔39〕《倫理學》（*Ethics*）一書接近結尾處，他曾經玩味思想不朽（intellectual immortality）的觀念。他主張，我們只要「從永恆的觀點」（sub specie aeternitatis）看待事物或觀念，我們就可以感受到自己不朽，然後我們的思想會不朽，因為它們會對時間免疫。這樣，我們將會某種程度參與到上帝的心靈裡（這心靈是以永恆之光看待事物）。桑塔耶納（Santayana）用同一種遐想去慰藉自己那一套唯物哲學。[註3]但試問我們有誰曾經或能夠從永恆的觀點看待事物，或甚至把握自己認識到的是真理？

我相當安於人必有一死的宿命。可以永遠活下去的想法（那怕是活在天堂裡）讓我怕怕。隨著我年踰九旬，我的雄心退減了，我的生之熱情式微了。不久之後，我將會呼應凱撒之言：「我活夠了。」當死亡按時來到，當一個人已經把一生充分活過，那死亡就是可原諒的，就是一樁好事。倘若我臨終前說出的話有違這番壯語，請別理會。我們必須為下一代騰出空間。

第七章
我們的神

至此，各位大概用不著我說也知道，我是個懷疑論者，既不信仰希伯來人好戰的上〔40〕帝，也不信仰基督徒獎善罰惡的上帝。我看過很多可證明宇宙井然有序的證據，但宇宙又有很多情況在我看來是毫無條理，如流星的古怪飛行路線，或一些行星偏離於我們的幾何學計算的運行路線。不過，就像我對美、雄渾和醜的觀念一樣，我對有序或無序的觀念都是主觀的。它們都可說是我的偏見，是為方便我自己更容易理解事物而設，而宇宙並沒有義務符合我的偏好。

我看過很多可證明大自然是出於設計的證據，看過許多跡象顯示，有一個宇宙精神（cosmic spirit）在設法把手段與目的、器官與欲望協調得恰到好處。但我也看過許多功能與目的搭配得並不完美的事例（如亥姆霍茲〔Helmholtz〕便曾指出人類眼睛不是完美的光學系統），也看過一些暗示宇宙精神本性殘忍而非仁慈的事件。例如，里斯本大地震（西元一七五五年）曾殺死成千上萬到教堂敬拜他們上帝的虔誠信徒。「大自然」顯然也沒有眷顧史賓諾莎多於那些在他四十四歲那年殺死他的肺結核病菌。〔41〕

世間有太多疾苦（很多都明顯不是當事人咎由自取），有太多戰爭、摧毀、罪惡、腐敗和野蠻（就連如中世紀教會之類的宗教組織亦是如此），讓人難以相信這一切都是得到一個全能和全善的神祇批准。然而又有數以百萬計基督徒，把這一切邪惡疾苦解釋為是上帝蓄意為之。在如今的我們看來，喀爾文派（Calvinist）的教義——它主張一個人死後會上天堂或下地獄並非取決於生前是善是惡，而是上帝在創造天地之初預先決定的——是何等的野蠻啊。

當尼采一八八三年在《查拉圖斯特拉如是說》（*Also sprach Zarathustra*）裡喜孜孜宣布「上帝已死」時，他宣布的正是基督教神學裡的上帝之死。當年輕一輩基督教神學家一致同意「上帝已死」之說時，他們心裡指的也是這個上帝。人類的上帝觀曾隨著知識與道德的演進而在歷史上出現過許多次變遷，而這些劃時代的價值重估不只讓哲學家和聖徒愀然不樂，還讓整個國家和時代愀然不樂。我們正是生活在這樣一個變遷的時期，因為不管是科學和歷史的發現，還是基督倫理的抬頭，都讓人無法繼續相信那個「鬚髮桀張的年邁之神」[17]（祂曾經嚇得我們的祖先不敢不循規蹈矩）。就此而論，殺死耶和華的乃是基督。

〔42〕人類歷史也許可以被理解為一部上帝的變身史，這反覆的過程，是為配合人類提升了的知識和道德水準而殺死一個舊神，讓一位新神取而代之。如果把人類歷來膜拜過的所有神祇列成清單，那可真是洋洋大觀，至高神數以百計，小神數以千計。若過去的世代可以重返世間，想必會為一件事情覺得丟臉：他們敬拜的神明，現在只有人類學家聽過。每個時代的每個民族都曾各以自己的方式重新詮釋上帝，也一直願意為了捍衛他們必然會過氣的上帝觀而死（至少是願意為之殺人）。所以，歷史學家已準備好目睹上帝觀念的再一次轉變。

從哥白尼宣布地球不再是上帝的腳凳，而只是宇宙的一個零頭開始，老邁的部族神[18]便開始死去，而人類聽到一個聲音命令他們擴大他們的上帝觀，以容納天文學為他們打開

17　此語出自《查拉圖斯特拉如是說》。

18　指耶和華這個原來只為希伯來人一族所拜之神。

的新眼界。

達爾文把這個轉化過程更往前推。一如天文學家用太空淹沒了地球，生物學家也用亙古淹沒了人類。從達爾文起，在大自然漫長的物種更迭之旅中，人類便成了只是一小段路程。不過，也正是達爾文的開路，莫萊（John Morley）[19]才可能宣稱，「科學下一階段的重責大任是創造一種膜拜人類的新宗教。」演化論不只不支持史賓塞（Herbert Spencer）的機械論哲學[20]，反而揭示出宇宙過程的本質不是「物質」而是「生命」。機器怎麼可能會演化嘛！所以，我們必然得把演化理解為一個主動過程而非被動過程，理解為是有實驗和學習能力的生物艱辛改變環境的過程，而非環境隨意形塑生物的過程。所以，生物的一個個器官不是無目的性變異的偶然集合，而是由不知足的欲望所創造。這欲望按照意志的形象塑造身體，再造地球的面貌。在這樣的理解下，生命本身便可成為新的上帝。

以下一番話聽起來會像幼稚的感情和差勁的詩，但我只是要如實報告我的思想感受。每當我看見一件正在生長的東西，我常常會回想起我小時候領聖餐或拜苦路[21]時的心情。只要看見有綠芽從土壤裡長出，我都不能不感受到，它包含的神祕氛圍比我孫子向我解釋原子的奇妙構造時更讓我接近實相的本質。

看看那些大樹。我看見它們的根向土裡愈扎愈深和愈佔愈寬，與此同時又向天空拔

〔43〕

起為光與溫暖而禱告，散開無數枝椏和千百片樹葉以呼吸空氣和捕捉陽光。我在自己裡面感受到同一種對光和成長的渴求。這樹和我是同宗的靈魂，分享著同一種飢渴和同一種生命。看著一些父母在公園裡和他們的子女嬉戲時，我也會覺得他們是生命連禱（life's litany）的一部分。看著最貧窮的女人坐在出租公寓台階上為自己小孩餵奶時，我會覺得她們是躲在一切機械性運作背後那股活生生力量的象徵。正是這股力量推動著，如但丁所說的，「太陽和其他星辰」的運行。

所以，這個就是我崇拜的上帝：祂是堅持不懈的創生性生命，從原子的能量中奮力奮起，以生長（growth）綠化地球。祂在年輕人心裡激起雄心壯志，在少女身上激起柔情蜜意。祂形塑女性的胴體，攪動天才的創意，指導菲迪亞斯（Phidias）[22]的藝術創作，並透過史賓諾莎和基督自我印證。我知道現實界除這「生命」以外還有別的面向，知道大自然「恐怖」的一面大得不亞於「美」與「發展」的一面。但恰恰因為如此，我們更應該敬畏

〔44〕

19 十九世紀英國政治家。

20 十八世紀英國哲學家，被稱為「社會達爾文主義之父」，其學說把「適者生存」理論應用在社會學。

21 天主教的一種宗教儀式，儀式中搬演基督被釘十字架的全部過程。

22 古希臘雕刻家、畫家暨建築家，公認是最偉大的古典雕刻家。

和幫助所有正在成長的物事。這是一種非常古老的哲學，否則我就不會信任它。

我的上帝是人格化的嗎？不是，沒理由是。人格只會見於被造物，不會見於創生性力量；人格是一種分離（separateness），是意志和個性的一種特殊形式。我所崇拜的上帝不能是這樣一種分離物或部分自我。祂是宇宙生命力的總和與泉源，而我們的小小自我（ego）只是這生命力的抽象化碎塊和實驗性增生。

我知道，因為我很不情願地拋棄了對人格化慈愛上帝的信仰，各位鐵定會把我歸類為無神論者。但我痛恨我的人生和信條裡沒有**上帝**這個詞。我會尊重各位對神的定義，我會尊榮那些在我家山坡下面的天主教中學上學的可愛女生，所以我想各位大概也會容許我對神祇有我自己的定義。我說過我拒絕唯物主義，說過我認定心靈是我最直接認識的實在，說過我把世界看成不是盲目的機器，而是奮進和創生性的生命。所以，容我把**上帝**一詞用來指涉大自然的創新活力和無比豐沃，指涉「物質」億萬年來向上提升的奮鬥：從原子能提升為理智、意識和不懵懂的意志，提升為政治家、詩人、聖徒、藝術家、音樂家、科學家和哲學家。容我也有可膜拜的對象吧！

我自視為一個基督徒，一個字面意義和難達成意義下的基督徒，即一個真誠景仰基督〔45〕的人格與倫理觀，又堅持要在行為上表現得像個基督徒的人。我不是什麼聖人。我多次偷偷摸摸去觀看展示女性胴體的電影，並樂在其中。哪怕年已九旬，我仍然感受到強烈性衝動（前一陣子生的病一度把它禁錮起來，但我感覺得到它正在恢復）。我懷疑，我的異教徒成分就和基督徒成分一樣多，即對感官之樂的尊重並不亞於對心靈之樂的敬重——哪怕我嚮往可以成為像基督那樣的完整基督徒。但我一直努力。我和愛麗兒是因為寫書而有不少版稅收入，但這些錢一半以上繳了稅，剩下的全捐了出去。我們的生活和穿著都非常簡樸，而如果說我們常常到海外旅行，那幾乎總是為了從事艱苦的研究工作。我痛恨旅行而愛窩在家裡。就我記得，我從未以怨報怨，從未恨過或詛咒過任何人，從未支持過任何戰爭（唯一例外是支持美國在一九四一年的對德日戰爭）。

如果我可以再活一遍，繼續擁有現在的心靈和心緒，我將不會寫作歷史或哲學，而是會投入於組織一些協會，歡迎沒有宗教信仰或秉持寬容神學的男男女女參加。我的協會致力於鼓勵人們以盡可能貼近基督倫理觀的方式生活，包括婚前守貞、忠於配偶、以和平抗議的方式反對任何戰爭（明明白白的防禦性戰爭除外）。我知道世俗智慧看了這段話語會嗤笑，也知道我勸人當準聖人的建議會多麼不受歡迎和岌岌可危，但我真的還是寧願為改善人們和政治家的行為盡一點綿力多於寫一百本好書。

第八章
論宗教

有些宗教，如早期佛教，是沒有神的。事實上，一九六七年三月十一日有一則新聞報〔46〕導說，南越的佛教界人士反對把神的觀念寫入新憲法。我沒資格談亞洲的宗教，但對基督教卻有過親密接觸，認識匪淺。

愛麗兒笑說我脖子以下還是個天主教徒，這話八九成不假。我對兒時教育我的修女神父有著最眷戀的回憶。我懷念麻省和紐澤西兩地堂區小學的端莊女同學，懷念優美的聖母連禱文，懷念在虔誠可敬的老師指揮下男女合唱的怡人讚美詩歌。我對在「學院」和大學裡教育我的耶穌會會士充滿感激，哪怕到了大二（一九〇五年），因為私下讀了達爾文和史賓塞的作品，我繼承而來的信仰便被融化了。

我所受到的神學教育都只提及基督教最好的一面（慈愛的上帝，溫柔的基督，強烈仁慈、守貞和孝順的倫理學），極少談及撒但和地獄，而那些虔誠的修女八成沒有聽過宗教裁判所[23]這回事。我因為聰明、機警和頑皮而備受寵愛（大概也是因為她們知道家父家母準備讓我走神職道路）。她們領我進入她們簡樸女修道院的奧祕，用最有說服力的餅[24]來餵我。〔47〕

我認識的所有教士中，最美好的一位是穆尼神父（James Mooney）——也就是後來的穆尼蒙席（Monsignor）[25]。他嚴格但慈祥，禁慾而虔誠，在薛頓賀爾（Seton Hall）大學和神學院裡為指導年輕一代嘔盡心血。我在一九〇九年入讀該神學院——部分是為了讓他高興，部分是為了避開家裡發生的一場危機，部分是想把美國的天主教拉向社會主義運動（我早在一九〇六年便認定社會主義的烏托邦，而非天主教的天國才是世界的希望之所寄）。到了一九一一年，我發現自己無法再假裝是個正信徒。我從神學院退學（家父家母大為傷心失望），自此過了多年心靈混亂和孤單的生活。

那些年輕時代曾深深沉浸在天主教教義裡的人從不能自信仰的崩潰中完全復原，因為天主教是最有吸引力的宗教，富於戲劇、詩歌、藝術和對肉體的體貼。無疑是因為變得孑然一身的關係，我們現在都會把這信仰理想化，忘掉它荒謬、恐怖和不寬容的成分，只記得它的儀式曾讓我們參與一首宏美的敘事詩，讓最簡單的生活變得有意義和莊嚴，讓人知所律己，又把慰藉帶給數以百萬計痛苦、鰥寡和失敗的靈魂。在我看來，「上帝之死」和基督教在受過高等教育的階級中慢慢衰落，是西方現代史的最大兩件悲劇，比兩次世界大戰或資本主義與共產主義的競爭還要影響深遠。有感於此，我才會在一九三一年寫了《論人生的意義》（*On the Meaning of Life*）一書，又訪問了一些歐美聞人，問他們：隨著上帝消失，生命對他們來說意味著什麼？總之，在一九〇六至一九三一年之間，我經歷了後來法國存在主義者所經驗到全部精神苦惱和無可修復的失落感。〔48〕

為把年輕時代的宗教信仰部分留在身上，我一直設法把它的基本教義詮釋為象徵，即一種用通俗方法表達哲學真理的方法。我把「原罪」解釋為我們因為生而帶有遠祖的血液，因此也遺傳了他們在原始狩獵時代為生存掙扎而演化出的好鬥、雜交和貪婪本能。從「我們第一對父母」因為偷吃知識樹果子而被逐出伊甸園一事，我看出它預示著《傳道書》的肅穆警告，「加增知識的，就加增憂傷。」因為知識真的可以摧毀頭腦簡單的快樂

---

23 中世紀教會為審判異端而設的機構，常用酷刑逼打成招。

24 指的應是基督教最好一面的教義。

25 「蒙席」是教宗賜給神父的榮銜。

和許多怡人幻象。我把亞當的「罪」詮釋為天下男人都會因嬌媚女人而犯的過錯，因而是可原諒的。

在我看來，「天國」與「地獄」並不是世間之外的地方，而是今世的心靈狀態，由我們為善或為惡所決定。我把基督視為神性（godliness）的體現，因為他傳揚的行為準則如果受到普遍遵從，則就連最貧窮的地方都可以成為人間天堂（但他批評自己媽媽的言論〔馬太13：54-58〕，還有他就地獄說過的狠話〔馬太13:37-42；馬可9:48；路加16:22〕，我都並不恭維）。我把基督教的大量圖畫、敘事、戲劇和藝術看成是為爭取更多人接受其道德理念而設，有助於馴化人類的反社會衝動，因而是值得讚揚。在這個意義下，我把教會領袖視為一些宗教政治家，主要是宗教政治家把野蠻人轉化為負責任和守秩序的公民。〔49〕有時我會夢想宗教和哲學可以透過一紙「君子協定」達成和解，根據這協定，受過高等教育者不會去批評頭腦簡單的信徒之信仰，而教會（天主教、基督新教和猶太教）則不會去限制有能力從事抽象思考的有閒階級他們的思想與言論自由。這一類和平共處的情況在基督教歷史上多少出現過：例如教宗良十世治下的義大利，例如維多利亞時代的英國，例如史尼茨勒（Schnitzler）[26]和佛洛伊德時代的維也納。

也只有一個類似的妥協讓我可以容忍天主教會對美洲生活的完全控制。目前天主教已控制了南美洲，而在墨西哥和加拿大法語區皆勢力龐大。在美國，它未來的霸權因為信徒的高生育率而獲得保障。普林斯頓大學一九六七年四月發布的一項分析指出，「天主教家庭的主婦行將比非天主教家庭的主婦多百分之二十一的子女。」註1

天主教和非天主教家庭的生育率差異，後來固然隨著天主教主婦開始使用避孕工具而降低，但因為一般來說，教育低者的生育率總高於教育高者，加上教廷一直堅決反對使用〔50〕機械性避孕方法，因此可以預期，天主教民眾與神職人員在全人口中的比例將會持續升高。很多美國大城市業已落入天主教控制[27]，而很多市議會亦必然在不久的將來向此看齊：到了二一〇〇年則說不定連國會和總統職位都會淪陷。類似的生育率趨勢也見於瑞士法語區和西德（兩地分別原以喀爾文宗和路德宗為主流），甚至也許還會延伸至法國，讓伏爾泰淪為笑柄。

這些得勝的天主教教士會是些什麼樣的人呢？他們會像良十世和本篤十四世一樣寬容嗎？還是會像額我略七世和英諾森三世那般專橫？今天，在天主教會獨大的地區（如西班

26 十九、二十世紀奧地利文學家。
27 應是指它們的市長為天主教徒。

牙和南美洲），它的表現都極不寬容。只有在那些天主教受到其他宗教、世俗教育或科學威望制肘的地區，天主教會才會偏好和需要寬容。但科學的威望說不定有朝一日會被一場規模空前的戰爭所毀掉，而因為各個州議會的天主教色彩愈來愈濃厚，州立大專的世俗教育也愈來愈受到威脅。我們看到，總統和國會業已因為天主教會的施壓而同意補助天主教的中小學和大專。這顯然有違政教分離的憲法原則[28]。給予教會財產免稅權的做法看來也屬違憲，因為那等於是政府對宗教的一種支持。隨著教會免稅財產愈來愈多，大眾納稅人的負擔也會愈來愈重。以美國天主教財產的成長比率，只怕到了下一世紀，美國便會重演一七九二年發生在法國的危機：當時，法國的稅率雖然高得嚇人，但因為教會坐擁的龐大財產享有賦稅豁免，以致政府仍然無法徵得足夠稅收以執行其基本責任。

〔51〕

在任何情況下，我都認為「上帝已死」之說誇張得不下於馬克吐溫的言談。因為所有人（包括雙胞胎）在體力和腦力方面都是生而不平等，因此，地位和財富的不平等看似是無可避免，除非出現獨裁政權廢除所有的自由——但這樣的獨裁政權不會長久。生活水準也許會在兩次戰爭之間的和平時期有所提升，但最不富裕的國家和階級（哪怕它們的處境已比前幾個世紀好上許多）將會繼續感受到自己矮人一等。

歷史經驗顯示，這些「弱勢」國家和階級都會向超自然信仰尋求慰藉，透過與神祕力量攀關係給自己提升尊嚴，透過對他世幸福的深信不疑來緩和今世貧窮的刺痛。但慢性病、殘廢和悲苦就像貧窮一樣，可以產生宗教教條，而社會遺傳（social heredity）則可輔翼這些教條——同樣情形甚至會見於經濟富裕的國家。超自然宗教擁有的功能是那麼的多，以致懷疑論者必須學會與之和平共處，只能期盼基督輻射出來的愛最終可克服受加持教條可怕的不寬容性格。

28　美國憲法第一修正案禁止政府為宗教背書。

第九章

論一種不同的「再臨」[29]

一八八三年，尼采（繼康德之後最重要的歐洲哲學家）宣稱「上帝已死」。[註1]五年〔52〕後，他又預言，後人將會把歷史區分為「尼采之前和尼采之後」兩大時期。[註2]他深信自己對基督教和民主制度的攻擊會帶給兩者致命傷害，而二十世紀將目睹它們的壽終正寢。

他的預言也許正在實現。半數基督教國家已經不再以基督教為國教，而在另外的半數，「上帝已死」成了神學家之間的主要議題。半數基督教國家把民主制度斥為金錢統治

29 「再臨」（Second Advent）指「基督再臨」。根據基督教教義，基督有朝一日會重臨人間當王，世界從此進入一個和平大同階段。

的門面櫥窗，而另外半數（拉丁美洲部分），民主正漸漸被威權政府取代。幾乎所有歐洲和美洲國家，都認為基督倫理與壯盛軍容不相容而把它撇到一邊，並擁抱尼采的「主人道德」（master morality）和「權力意志」。兩場世界大戰均嚴重損害基督教的威信，再來一場的話，說不定會終結它作為一股歷史力量的作用。然則，尼采的時代真的開始了嗎？〔53〕

今日的西方人經歷過雙重幻滅：既失去了兒時的光明信仰，復失去了年輕歲月的烏托邦嚮往。可是，要往哪裡才能再找到一種信念可以激勵我們，讓我們因為有良知而高貴，讓我們短短的一生變得有意義？

規定一種宗教應該如何如何，就像為整個國家開處方一樣專橫（雖然後者在這個意識形態時代並不罕見）。哲學家並不能創造或改變宗教：這樣劃時代的轉化有賴幾百萬心靈的深深嚮往，有賴某些聖徒的道德熱情，有賴有組織力的天才耐心妥協[30]。正因為這樣，我們才會看到基督信息出現在意氣消沉的希臘化世界（Hellenistic world），並有賴使徒保羅把它對非猶太人開放而盛行開來。宗教不能靠思想創造，否則它就觸動不了的靈魂，打動不了大眾，無法可大可久。沒有不可思議的內涵而取得成功的宗教從未曾有。它必須能激起人們的想像力，為乏味愁苦的人生加添神奇元素與願景。我們不能指望宗教是由一批科學命題構成。

不過，我們仍然有權要求宗教致力於柔軟人的心靈，灌注勇氣、良知和愛心，讓強者對弱者多一點慷慨，沖淡競爭的激烈程度和戰爭的野蠻。由於只有道德進步可稱為真正的進步，所以，能符合上述目標的宗教堪稱最好的宗教，足以對治我們時代的分裂和互相敵〔54〕對。

依基督教誨而行的基督教正好是這樣一種宗教。若我們檢視我們的回憶，會發現在我們最初的素樸信仰中，最讓我們受觸動的不是它的教義體系，而是基督的倫理學和人生故事——是他待所有人如手足的要求，是他貫徹這個看似不可能的理想的活生生榜樣。不管人類心靈創造過多少哲學和信條，基督至今仍是歷史上最有吸引力的形象。所以，與其說我們需要一種新的宗教，不如說是回歸一種如其本來簡樸面目的舊宗教。全世界的人都輕易被基督的人生吸引，但又很難被基督教內部的神學分歧吸引。因為全世界都會樂於知道，曾經有一個人，自願為追求人與人之間的善意和與國之間的和平而死。還有別的事物是今日的世界更加嚮往的嗎？

30　以下提到的使徒保羅是「有組織力的天才耐心妥協」的例子。

讓我們「見異象和做異夢」吧[31]。讓我們夢想所有基督教宗派齊聚一堂，把基督教重新定義為一種**真誠接納基督道德理想**的宗教，並邀請任何願意用這些理想自我砥礪的人（不分種族和信條）為成員。

讓我們夢想這樣一個邀請遍見於所有教堂的入口，遍見於（至少是美國這裡）所有廟宇和清真寺的入口。因為伊斯蘭教本就認定基督是它的最高先知，而猶太教也沒有理由不可以自豪地把基督再次納為己有（他本就是猶太教徒）。我們並不建議它們放棄各自的神學，相反的，我們樂於看見它們容許所有成員自由構想或秉持自己的一套神學或哲學。若〔55〕各位覺得這種夢想不切實際，那請看看我們的各種兄弟會和互助組織，它們不全都包括持各種不同宗教和政治立場的成員嗎？難道我們應該因為我們的世俗性聯誼會將基督教的兄弟之愛納入，而把它排除在我們的教堂之外嗎？

我們也夢想各宗派繼續保持儀式的獨立和多樣性，只在每年一度的全體大會上愈來愈強調彼此相通的道德內涵。應該讓任何喜歡以詩性方式或象徵方式表達其神學的宗派繼續這樣做，讓它們繼續舉行每星期一次的神餐禮來團結信徒，讓它們（就像中世紀那樣）用藝術去賦予它們的神學肌理和顏色。

我們指望這個統一的大教會傳揚基督之道，用它新獲得的淋漓元氣去迎戰各種怪異邪教和國族主義狂迷，去團結美洲和歐洲的不同種族，提供一套道德守則幫助人們從威脅著要吞噬我們文明的腐敗和暴力中提升出來。我們相信，這樣一種基督教必然能吸引各式各樣的智者：佛陀們與卡比爾們（Kabirs）[32]；老子們與賀川豐彥們；柏拉圖們與齊諾們（Zenos）；史賓諾莎們與愛因斯坦們；傑佛遜們與富蘭克林們；林肯們與惠特曼們（Whitemans）；托爾斯泰們與泰戈爾們。讓我們夢想知識分子階層再一次回到廟宇，樂於跟頭腦最簡單的信徒打成一片，快樂感受到大異其趣的思想下面有一個靈魂的共同體，再一次有可相信和可敬畏的對象，並全心尊榮一個（哪怕它受到每一代人的反對）永不死〔56〕去的理想。

由於我們不可能指望大部分人能把「登山寶訓」體現在生活中，那麼，我們把基督教定義為實踐基督的道德原則，會不會流為不切實際的理想主義？當然是這樣，所以我才會把它僅定義為**真誠接納**基督的道德原則。基督自己大概也只要求門徒完全符合他的道理理想，沒要求其餘人。我們這些其他人要做的只是承諾我們會盡力而為，頑強地**努力**把所有

31 「見異象和做異夢」是出自《聖經》的話，此處意指，「讓我們勇於夢想吧！」

32 卡比爾是十五、十六世紀印度詩人和聖人。

人視如手足，我心目中對理想基督的要求就這麼多。苛求每個人都到達聖徒的無私境界只會陷基督教於永遠的虛偽。

我們甚至不該希冀那些宣揚仁愛和平福音的牧師神父可以百分百達到他們夫子訂下的高標準（事實上，當基督大談地獄的時候，他自己也沒有達標）。我們相信有不少聖徒——如聖方濟、史賓諾莎或拉瑪克里斯納（Ramakrishna）——曾企及這些標準。卻不會指望其他大部分的人做得到。我們頂多能期望我們的老師或領袖在傳揚基督之道時不會自我設限，有必要時會離開昂貴的講道壇，像基督本人那樣，沿著大路和小路傳揚福音。我們也相信，強化和淨化過的基督教會尊重科學和言論自由，會承認美和善除了煥發在先知和聖徒身上，也煥發在賢哲、革命分子和詩人身上。事實上，這個新教會還會歡迎第二部《聖經》的積累[33]（它記錄的是各種族中最啟人神思的思想與行為）。誰會是這部道德英豪史的普魯塔克（Plutarch）呢[34]？

我們知道我們的驕傲與偏見（還有出於恐懼的仇恨和出於非自願的無知）對這個夢想的落實構成多大障礙。我也不指望這個「基督再臨」會出現在我們的有生之年。但它的實現某種程度業已開始。不管是在美洲還是歐洲，都有數以千計的基督教神職人員準備好並殷切渴盼恢復基督的基督教。把他們拉住的是我們這些俗家人——我們堅持只相信我們繼

〔57〕

承而來的正統教義，不願跟任何信條上與我們有些許差異的人同坐一張教堂長凳。因為我們的緣故，基督教在最需要奮起對抗戰爭之神的這當兒被撕成四分五裂，積弱不振。

我們必須賦予我們的領袖領導我們的勇氣，必須為自己重新創造一種可為基督理解的基督教。讓我們用以下這首最基督教的讚美詩為他們加油打氣（它原是最能觸動心弦的一個詩人寫給最不折不扣的一個基督徒[35]）：

親愛的弟兄，我與你有志一同……

我以極大的歡欣喊你的名字，我的同志。我要向你致敬，向你之前和之後的同儔致敬。

我們全戮力於賡續同一個責任與傳統；

我們是少數不在乎地域之分、時代之分、大洲之分、階級之分、神學之分而願意彼此平等對待者；

33 基督教《聖經》原是寫成於不同時代的經卷「積累」而成。

34 普魯塔克：羅馬帝國時代的希臘作家，最知名作品為《希臘羅馬英豪列傳》。

35 指〈獻給釘在十架上的人〉一詩，是美國詩人惠特曼為追懷林肯總統所寫。

我們是人類的慈悲者、體察者和共鳴者。
我們靜靜走過各種論爭與主張，不否定任何爭論者也不否定任何主張。
我們聽見咆哮和喧囂，各種的分歧、嫉妒和責難紛紛向我們靠近，蠻橫地進逼〔58〕
我們，包圍我們，

可我們不爲所動，自由地走遍世界，上下周遊，
直至把不可磨滅的足跡留在了時間和不同時代中，
直至我們充滿了時間和各時代，
使得未來世代不同種族的男女都認識到，他們就像我們一樣，彼此原是兄弟和
情人。

第十章

論宗教與道德

我們要怎樣定義「宗教」和「道德」？綜觀歷史，「宗教」一直指對超自然力量的膜〔59〕拜。根據《韋氏大字典》，「道德」指「表現出不違背正確人類行為理想或原則。」但又是誰來決定哪些理想是正確的？是行為者本人嗎？有些不顧後果的人曾設法把正確行為界定為一己良知所首肯的行為。但如果真是這樣，那卡薩諾瓦（Casanova）[36]和薩德侯爵（Marquis de Sade）[37]之流一樣可稱為有道德的人，因為他們都是在努力活出自己的理想

36 十八世紀義大利冒險家暨作家，一生風流韻事不輟。

37 法國作家，作品充斥性暴力描寫，Sadism（虐待狂）一詞就是源自他的名字。

形式（兩人的人生理想分別是盡可能勾引更多的女人和盡可能鞭打更多的女人）。

英文單字 moral 當然是來自拉丁文的 mos 和 moris，原指「習俗」。所以也許可以說，在某時某地，何謂道德，要端視群體的流行的、約定的標準而定。要我來定義，我會把道德定義為私人行為與群體利益的符合一致。這個定義暗示著：個人的生命、自由和發〔60〕展要仰賴社會組織，所以個人有責任把自己調整得符合社會的需要。

以這個定義為基礎，教會大可以主張，它是捍衛道德不可或缺的碉堡。它也一直聲稱，今日見於西歐和美國的道德廢弛，主要是宗教信仰衰頹導致，而該為這場大混亂負責任的不可原諒的罪人，首先是十八世紀的啟蒙思想家（philosophes）和他們數以千計的思想後嗣。我可以想像某個憤怒的樞機主教會這樣痛斥不信教者：

> 你們這些無知的蠢才！你們要何時才會長大，明白到：你們的個人安全和生存都是社會秩序所賜的禮物。社會秩序要透過家庭、學校和教會的影響力方能維持，再多的法律或警察都無法取代由父母、老師和神父所灌輸的道德守則。攻擊這些教養和保護機制，就是在腐蝕那用了幾世紀辛勤與智慧築造的堤壩，讓潛伏在人心裡的個人主義和野蠻衝動得以決堤而出？當父母權威受到「解放

了」的年輕人否定，當年輕惡棍把學校裡的老師整得死去活來，當你們的宗教領袖被取笑和詆毀，當維持的基督教義結構受到弱化，當組織性犯罪比你們的警察和法庭更有力量，當你們的文學和戲院盡是在販賣色情，當你們的女兒被滿腦子只有性的男人強暴、勾引和拋棄，當你們因爲害怕被搶被殺而不敢晚上外出，有什麼是你們能夠做的？就只有一件事情：懺悔地回到宗教，求教會把〔61〕
愛基督之心和害怕憤怒上帝之心灌輸給你們小孩。

這個論證可以觸動我，因為我也向教會扔過石子。但如今卻再也不敢信心滿滿認定，即便少了宗教信仰，人的反社會衝動一樣可以受到道德規範控制。我是不是曾經也算是「不可原諒的罪犯」和「無知的蠢才」呢？我也許可以申辯，我在《信仰的時代》和《宗教改革》[38]二書中已經盡力做到對天主教會公道。沒錯，在《伏爾泰的時代》的七百九十九頁篇幅中，我是用了一百八十二頁談論啟蒙思想家對宗教的攻擊，但我會那樣做，只是因為該攻擊是十八世紀最重要的事件，有著最廣泛、最深邃也最持久的影響性。而且，我

38 這兩書和接著提到的《伏爾泰的時代》都是杜蘭的鉅著《文明的故事》的分冊。

在該書的跋裡也用了相當高的同理心為宗教辯護。我一直決定不了自己是個反教權的英雄，還是一個被丟棄理想的偷偷戀慕者。

該理想會被丟棄，是因為它先否定了自己。羅馬教會把耶穌無與倫比的倫理學蓋上一層獨斷得不可思議的複雜教義結構（這獨斷教義呼應了聖保羅的精神，卻是基督自己未曾聽過的），又用無所不在的神職人員監視人們的心靈，隨時準備好利用國家權力去捻熄獨立思考（手段是囚禁、抄家和殺死）。地方性教士和修女仍然記得基督教（也常常身體力行），而教會高層卻因為陶醉在不允攻擊和不會有錯的權威中竟忘卻了它。

教會始於和平君王（Prince of Peace）[39]，他吩咐彼得把劍套回劍鞘裡。但教會後來卻變成了戰士，用劍用矛用槍對付法國的阿爾比教派教徒（Albigensians）和西班牙的猶太人。出身低微的拿撒勒木匠[40]被富可敵國的教皇取而代之。在壓迫者與被壓迫者兩造的〔62〕爭辯中，教廷高層幾乎總是支持壓迫者和壓迫被壓迫者。後來，人文主義者和人道主義者終於成功解放心靈，讓人們大膽起來，要求這股獨斷、蒙昧、不寬容和反動的勢力收斂。

該勢力的弱化就是道德衰頹的主要原因嗎？不是。它是眾多原因之一，但不是主要原因。導致道德「衰落」主要和鋪天蓋地的原因是工業革命。那場經濟痙攣幾乎每一方面都給道德帶來了衝擊。一些例子如下：

一、鄉村生活讓人人可以互相監視，但都市讓人可以隱身在千萬人中，致使鄰里褒貶對個人行為的控制力幾乎完全消失。

二、直至一九〇〇年之前，家庭都是經濟生產的基本單位，而父親的權威，則由他的經濟領導地位和家人的團結所支撐。但在工業化之後，企業和僱員成了生產單位，家庭成員分散各處工作。隨著兒子在經濟上獨立於父親，父權失去其經濟基礎。

三、在農村，年輕人幾乎一達至生理成熟（即有能力繁殖下一代）便達至經濟成熟（即有能力養妻活兒），所以早婚，婚前的性自抑也不若現在困難。但在如今的工業社會，年輕人的經濟成熟要晚得多，結婚年齡因此被推遲，也讓性自抑困難得多。

〔63〕

四、在農村，妻子是丈夫的工作助手，是丈夫的經濟資產。兒女成長到五歲之後也會成為經濟資產，所以不像如今那樣有理由晚婚和採取節育措施。

五、結婚年齡的推遲和家庭規模的縮小促進了避孕知識的傳播和避孕工具的種類增

39 應是指基督。

40 也是指耶穌。

加，人們害怕婚外性行為的心理亦隨之消失。

六、公司之間和個人之間的競爭強化了唯利是圖的動機和其他個人主義的本能，也讓商業行為的道德約束為之打破。

七、生產方法和分配方法的改良導致財富的積累，讓千千萬萬的男女負擔得起他們祖先負擔不起的道德放縱。

八、傳播和運輸設備的改善讓一個地區的道德紊亂很容易便可以感染其他的地方。而這兩方面的改善也讓罪犯更容易串連和快速逃離犯罪現場。

九、教育的普及雖然讓更多人知所節制，不去犯罪，但新一代卻透過教育得知道德規範往往因時因地而異，讓他們對道德規範有著神聖源頭之說感到懷疑。

十、戰爭的科技化和非面對面化（depersonalized）讓殺戮和破壞的程度大幅提高。

在導致道德變遷一事上，僅次於工業革命，另外該負責的是現代戰爭的性格與頻率。〔64〕要打一場現代戰爭，需要把大量年輕人訓練得擅用致命武器、熱中於殺人又不會問心有愧。復員後的年輕人一定還保留若干打仗時養成的習慣和脾性，又如果他們發現社會富有兮兮而他們自己窮兮兮，就很可能會把從軍營及戰場學來的技術和原則應用在城市。另外，現代戰爭讓軍事階級在威望與影響力兩方面皆大增，而他們的思考方式（一種不考慮道德的思考方式）會影響政府與人民。撒謊變成了國家的重要產業。新聞和歷史教科書皆被扭曲，用於向國民灌輸仇恨心理（這仇恨時而是針對這個敵國或競爭者，時而是針對另一個）。國族主義凌駕於道德，抗拒社會改革，成了一種比任何教會都更強大的宗教。

這份舊履歷和一些熟悉事實讓我們可以下結論說，即便宗教信仰沒有被宗教與哲學的衝突損壞，道德一樣會變遷。舊的那套道德規範顯然是根據農業社會的情況所發展出來，因此不可能指望它在未經過修改時便可以契合於現代的工業社會。所以，我們應該把目前的道德趨勢稱為道德變遷而非道德衰頹。現階段是一個實驗階段，要在危險中摸索出如何才能讓個人自由跟社會穩定、保護女性、保障人身與財產安全的諸種要求相容。

這樣的轉化必然會引起過渡性混亂和一些莽撞的極端主張。但極端常常會回歸中庸，而混亂亦也許可以逼出新的規範形式。規定每個年輕人都必須服兩年義務兵役也許是方法之一，但此舉又可能會敲開威權政府的大門。除少數例外，今日的年輕一輩都是些無政府〔65〕主義者，但等到他們事業有小成，多少認識到人性和人的侷限性之後，八成就會安於勤奮工作和養育兒女。今日的極端分子總會成為明日的自由主義者，又總會在垂暮之年成為怕事的保守分子。我們中間（我是指算真活過的人）又有誰是年輕時沒叛逆過的？

有鑑於政教分離在美國已經有幾乎兩百年歷史而美國政府一直維持穩定，我們有理由可以期望，我們的工業社會將可漸漸發展出一種有效性不亞於宗教道德的世俗道德。我們必不可以認為過去的世代比我們道德，歷史學家沒發現這樣的事，而每一個時代的老者都認為他們被丟給了撒但。既然已經從壓迫性的層級制度解放出來，我們絕不可走回頭路，丟棄危險的自由而往慈愛但專橫的聖母子宮裡尋找心靈平靜（這樣的平靜形同窒息）。

蘇格拉底說過，睿智（intelligence）是最高的德行，而透過教育灌輸睿智，可為一種合乎自然的道德（natural morality）奠定基礎。我在一九一七年出版的一部小書裡為這種觀點辯護過，現在重讀該書，我的感覺是又自豪又莞爾。我必須承認，那時我是低估了同理心在道德情感所扮演的角色（這角色是休謨和亞當．斯密都指出過的）。另外，我也已認識到，欲望、本能和激情都是人類行為背後的動機性力量，甚至是人類理性的動機性力量。然而，我仍然認為，透過它的「預估結果」能力，「睿智」可以起著協調欲望的作用，可以讓當事人對一個情境有更充分的評估，因而有更足夠的回應。「睿智」不是行動〔66〕的原動力，而是與該原動力的和諧和有效統一。

這種睿智很難教給人，卻是可被教導的，可以不同程度教給頭腦發達程度不同的人。要讓年輕人明白社會穩定是個人安全的先決條件看來並不難，也不難讓他們明白，道德的自制最能保障個人的精進和自我實現。事實上，犯罪和不道德大體來說最不常見於一個國家受過最好教育的階層。如果我們願意像教會灌輸超自然道德守則那樣，花大量時間教育一套自然倫理學，效果想必十分驚人。應該讓每個年級的學生（從幼稚園到博士班）每星期都有機會上一小時德育課，用的是複雜程度漸增的教材（出自哲學家、神父牧師和通曉世務的人士手筆，再經過文筆清通和對說教有戒心的人改寫）。教材還應該加入孔子、佛陀、蘇格拉底、耶穌、聖方濟各、邁蒙尼德（Maimonides）[41]、史賓諾莎、南丁格爾、史懷哲等人類道德導師的生平，這樣一定會更有人味。我盼望所有教堂每星期都會開放它們的中殿一小時，歡迎所有人士（不管有宗教信仰或沒宗教信仰的）共同討論有什麼實際可行的方法可讓人的行為更接近基督的理想。如果每個新一代都有愈來愈多人接受愈來愈多的德育，我們就有理由相信道德可望改善。

〔67〕這些改善將永不能讓道德家滿意，因為道德是違反自然的，跟人類天性背道而馳。我們與生俱來是要在森林與田野裡打獵，不是在城市、辦公室和工廠裡過機械化的生活。但道德下降的問題必須解決，因為說到底，道德與文明乃是同一回事。

41　中世紀的猶太教聖哲和大學問家。

第十一章

論道德

從前一章的討論，可知我們時代的道德「衰頹」是一個合乎自然的過程，是一套奠基〔68〕於農業和農村環境的清教徒道德規範的逐漸解體，與此同時又是一個摸索過程，是使用代價昂貴的試誤方法發展出一套新規範，以更妥善適應當代社會的種種特徵：工業化和科技化、都市化和市郊化、更長的青春期、小家庭、高等教育普及、不信任宗教、言論自由、報章刊物繁多、傳播和運輸方式涵蓋面更大而速度更快，以及舒適品、機會和財富前所未有的廣披。這種種變化刺激出一些革命性冒險，而打先鋒的是年輕人。

在評斷這革命時，我們必得先提醒自己，叛逆乃是年輕人的本性、功能與責任。這就好比老年人有責任平衡叛逆和節制極端，中年人有責任在穩定與自由、停滯與實驗之間找到可存活的妥協。一切事物皆會流動，環境總是處於改變之中，而老年人因為是立基於過去，並不具備讓外在變遷與內在調適協調一致的能力。反觀年輕人因為尚未完全定型，所以能夠在遺傳特徵中加入變異，在模仿和傳統裡加入創新，而即便操之過急而走錯方向，一樣有時間修正回來。我們應該感激老天沒要我們這些老骨頭去承受變遷的衝擊。

〔69〕

所以，雖然一般而言我都謹守舊的那套道德規範，但並不指望年輕人看齊。我對他們那些搖頭晃臀的舞蹈大搖其頭；我把他們的音樂和藝術視為宇宙定型前大混沌狀態的遺物，避之唯恐不及；我對他們的三字經閉上耳朵，不耐煩地等著他們終於明白：驚世駭俗（Bohemianism）也是一種成規和姿態，透露的是當事人對自己的內在價值自信缺缺。我奉勸他們要純潔得像加拉哈德（Galahad）[42]，又向他們保證，只要他們能用大二學生的成熟來戰勝大二學生的膚淺，不把別人的取笑當一回事，那節慾守身是死不了人的。但他們把這些話當耳邊風我並不驚訝。我知道，生物成熟與經濟成熟之間擴大的缺口已經讓婚前性行為成了新的道德規範。

身體裡漲滿荷爾蒙和奔騰血液的男生會納悶他為什麼不應該找個有相同煩惱的女生攜手消腫。我會警告他，這支「雙人芭蕾」有可能讓一個本來活潑大方又無憂無慮的女孩染上性病，或是因懷孕而不得不接受危險的墮胎手術，或是因此不得不接受一樁倉促和可能後悔的婚姻。我堅決認為，逞一時之快而讓一位年輕小姐的社會地位和她在婚姻市場的價值受到傷害，絕非君子之道。我也仍然相信婚外性行為不值得鼓勵，一如婚姻忠誠的觀念〔70〕值得灌輸，哪怕婚姻裡不免有許多謊言。

我們的父祖輩找不到可以促進年輕人節慾的更好方法，只好採取緘默和隱瞞政策。這種做法固然頗為虛矯，但泰半有助於減低性慾望（erotic itching）的刺激，讓婚前守身變得較可忍受，也讓兩性關係可因著文明的求愛過程和轉彎抹角的言行方式而加添韻味（這正是除魏斯頓之流[43]以外十八世紀社會的魅力之一）。今日我們卻是採取另一個極端：我們用電影、戲劇、雜誌和書籍往年輕人的臉扔出一千個性暗示（兼含正常和不正常的「性」），又少有人敢挺身而出，主張對這種賺錢的自由施以限制。

現代對自由的抬舉讓為人父母者再也無法在兒女擇偶的事情上置喙。男孩女孩被容許盲目地把彼此綁在一起直至離婚或死亡。這種結合的主要動力是女孩的外表美（而且是被男孩的情慾悸動放大過的），唯一一點現實成分是女孩會考慮到追求者的經濟前景。在今

---

42 亞瑟王傳奇中的人物，圓桌武士一員。他因為心地純潔和意志力超群而終於尋得聖杯。

43 十八世紀小說《湯姆·瓊斯》中的角色，為一勢利小人。

日，訂婚往往意味著性熟悉（sexual familiarity）[44]，而性熟悉會消磨新鮮感，所以許多人訂婚都是以取消婚約告終。我相信，為減輕兒女在加長了的經濟青春期的負擔，父母應該在兒女婚後頭幾年以逐漸遞減的方式予以經濟資助，但有一個條件：兒女得答應結婚對象必須得到父母同意。父母權威想要得到重建，少不了若干經濟基礎。

我一直留戀天主教的離婚觀點：只有出於極重大的個人需要或國家需要，方可容許取消婚姻關係。（想想看教皇克勉七世因為不同意讓亨利八世離婚而付出多慘痛的代價。[45] 〔71〕其實亨利八世完全有必要再婚：他需要一個子嗣來繼承大統。）我相信大部分的人離婚只會引起一些跟原來一樣尖銳的難題，因為我們總是帶著那些讓第一段婚姻破裂的人格個性進入第二段婚姻。我承認，持續把兩個人關在同一個屋簷下或房間裡，讓他們不得不日復一日對著同一張臉和同樣的室內裝潢，乃是給我們的調適能力加上一種違反自然的緊繃。但輕易就切斷婚姻紐帶，任由一切四分五裂，任由小孩承受心靈創傷和失去經濟穩定，往往只會帶來更多問題而不是解決問題。換個地方和換個人吵架，倒不如留在原地繼續跟原來的人吵架，因為在後一種情況中，妥協仍然是大有可能達成的，而在經過多年的相互照顧和相互負責後，戰鬥雙方可望進入一種寧靜和長遠的愛。我和愛麗兒有過許多爭吵，但我們總會用行動和書信來修補。經過六十七年後，我們現在享受到的是一種讓人愉快的平靜，一種更勝於年輕時代的深情。

生育兒女如今又恢復流行，而這是健康的趨勢。我不是要求各位給已經人口過剩的世界繼續大量製造人口，每對夫妻應該頂多生三個小孩（這是預防會有一個夭折）。之後，你們有權採取任何不傷害自己或配偶健康的生育控制手段。刻意限制家裡的人口數（那怕是透過禁慾的方式）當然是違反自然的，但除了用腳走路以外，其他任何的移動方式[46]何嘗不是違反自然的？文明之所以能夠存在，仰賴的是在每個轉角處節制自然。但請不要避孕至不生育的程度。因為除了分享配偶的快樂哀愁以外，我們最深刻的人生經驗乃是來自〔72〕我們子女和他們子女帶給我們的折騰和快樂。一九四六年七月二日是我畢生難忘的一天。當時我四歲半的小孫子詹姆坐在我大腿，面對著我，感受到來自我雙臂的深情擁抱。他忽然說（讓我嚇一跳和感動得心痛）：「即使你死了，你一定會記得你有多愛我。」

沒有事情可以摧毀我對我們後繼者的信心。我歡迎他們的激進抗議和反叛，我們需要也活該得到這些反叛。因為我們給予他們二十年的呵護和教育，到頭來卻徵召他們到海外

44 指訂婚會讓雙方較放膽發生性行為。

45 亨利八世因此事而脫離羅馬教廷，自立國教。

46 指坐馬車、火車、飛機等。

戰場殺人和被殺。因為我們給他們灌輸基督之道，自己卻在生意買賣中作弊，讓政府不得不出面，保護消費者免受作假標籤、危險汽車、有毒藥物、化學食品和山寨貨之害。但這個政府本身也好不到哪裡去，充滿腐敗和撒謊成癖。

與我們大人所犯的罪相比，下一代的荒唐行徑只是一種不成熟的表現，類似出痲疹。他們在重複太多次叛逆的舉動之後必然也會感到乏味。他們終將明白到，三字經合該丟到陰溝和馬桶，因為兩者的臭味不相上下。迷幻藥物目前的確是大為流行，但應該只是一時現象，因為我還記得，我兒子路易那一代的康乃爾大學學生喜歡幹的是吃金魚和唱片。這些反對戰爭、經濟剝削和種族不平等的「抗議方法」是健康的，而民主制度和資本主義兩者都因為沒有企圖鎮壓非暴力性批判而值得一讚。不過，我不能同意很多年輕狂熱分子所說的，每個人都有權否定任何他們良心不能接受的法律。沒有任何政府可以在這種情況下維持。共同體的判斷（由民選的議員判定）理應高於個人的判斷。就像梭羅那樣，個人也〔73〕許有理由把合法的抗議升高為積極的不服從（active disobedience），但也應該甘願接受合乎正當法律程序的懲罰。[47]

紀德（Andre Gide）是位傑出作家[註1]，但讓我哀嘆的是，他就像一些佛洛伊德的不忠實追隨者所主張的那樣，宣稱我們應服從每一個衝動與欲望，應該「當我們自己」！多麼幼稚的胡說八道！正如佛洛伊德本人承認也大聲指出的，文明幾乎無時無刻不是靠著壓抑本能來維繫，而「睿智」之為「睿智」，在於懂得哪些欲望容許追求而哪些欲望應該收斂。特別是在美國，有好幾代的年輕人都受到這種翻炒和半生不熟的哲學所誤導。

我刻意把犯罪留到最後才談，是因為在這個問題上（又特別是在這個問題上），我能有的只是老生常談。有些犯罪可歸咎於貧窮，歸咎於體力勞工被機器所淘汰而引發。某些種類犯罪會激增，也許是因為地獄的消失和「上帝之死」。有些犯罪可歸咎於家庭和父母權威的衰落。有些可能是精神分析和哲學胡說的大行其道導致，有些可能是受螢幕或小說中的犯罪故事影響。我們每個人心裡都有一個無政府主義者，它讓我們樂見罪犯聰明地逃脫警察追緝。沒有人喜歡警察——除非是成了犯罪的苦主。罪案的增加部分源於新型的交通設施可以讓罪犯迅速逃離犯罪現場，部分也許可歸咎於我們的法律和法庭有愈來愈寬大的趨勢（這種趨勢是對許多世紀專制政府的反動）。自一七八九年起[48]，立法的精神愈來愈趨向保護個人，限制國家。如今，我們的立法者應該改弦易轍，轉而致力保護社會與國

47　美國思想家梭羅（Thoreau）因為反對美國入侵墨西哥，以抗稅作為抗議手段，事後甘願為此坐牢受罰。

48　一七八九年是法國大革命爆發的那年。

家免受不法與犯罪的騷擾。我們的律師都太聰明，太懂得鑽法律漏洞和利用多重上訴為罪犯開脫。目前個人享有的自由著實太多，有需要重建家庭、學校和社群內的權威。那怕我們現在不情願花費，但總有一天我們不得不花大錢，增加偵查部隊和警察的人手及薪水、訓練與裝備。還應該建立一整個政府部門來審查其他所有政府單位的帳冊和行事。〔74〕

死刑並無必要，但不應任重罪犯透過運作輕易獲得假釋而縮短刑期，也不應任殺人犯用「一時精神錯亂」推卸罪責。我們無須把法典弄成一部懲罰和報復的機器，應該視罪犯為心靈混亂和心智發育不良的受害者。讓我們別把他們放入監獄（那裡是犯罪的溫床和進修所），改為置之於監管嚴密的國家農場。此舉讓罪犯因為可以持續在戶外勞動而獲得身體健康與心靈穩定，又可以積蓄一筆錢供重返社會時所用。

我們的文明看似忽地備受犯罪、戰爭、種族衝突、道德實驗和都市衰敗的威脅。我們把這些嚇人的難題留給下一代，讓他們好無根、好困惑。但如果我們能維持我們對教育的信心，透過中小學和大學來為後來世代（不管是白皮膚、黑皮膚還是棕皮膚的）提供指引，他們自能產生足夠的睿智去對付各種危險，提升到人道寬容、有秩序性自由（orderly liberty）、婚姻忠誠和有組織性和平（organized peace）的層次。

第十二章
論種族

在這個問題的社交面，我幾乎本來應該算是專家，因為從一九四一年起，我便以略盡綿力的方式參與過民權運動。那一年，我開始在位於紐約市十四街與第二大道交界的「勞工殿」（Labor Temple）講演，又習慣把在那裡工作的朋友和每個聽眾（很多是少數族裔，但也有不同祖籍的白人）稱為「兄弟」（後來我發現這種稱呼帶有屈尊俯就的味道，自此改口）。一九四三年搬到洛杉磯不久，我便與邁耶·大衛（Meyer David）聯手推動一個民權運動，稱之為「相互依賴宣言」（Declaration of INTERdependence）[49]，力主不〔75〕

49 這名稱是模仿「美國獨立宣言」。

同國籍、種族、信仰的人必須攜手合作，不然就會在週期性衝突中自我消磨殆盡。我相信，要不是滿腔熱忱，我不會寫得出以下的運動宗旨：

出於尊重自由和人類尊嚴，人類進步已經到達一定高度，值得我們重申以下這些明顯眞理：

- 種族、膚色和信仰的分歧乃是合乎自然，而群體、制度和觀念的歧異可以〔76〕刺激人類發展。
- 在多樣性中促進和諧是宗教和政治家的職責所在。
- 由於沒有任何個人可以道出全部眞理，所以，以體諒和善意對待與我們不同的觀點，乃是必要態度。
- 鑒諸歷史，不寬容會敲開暴力、殘忍和獨裁的大門。
- 人類相互依賴和團結之實現是文明的最佳捍衛者。

所以我們肅穆決定要採取下列行動，並邀請每個人一起參與：

- 透過相互體貼和相互尊重去維持和促進人類手足情誼。
- 不分種族、膚色或信仰地一體捍衛人類尊嚴。
- 努力與他人協調一致，遏阻因種族、膚色或信仰不同而產生之敵意，並團結所有群體在文明生活中進行一場公平遊戲。

基於人生而自由，基於所有人都是同一個天父的子女，基於每個人身體裡流著一樣的血，我們再一次宣布：四海之內皆手足，而相互寬容是自由的代價。

說來幸運，我們的運動獲得約翰·福特（John Anson Ford）和斯卡德（Eric Scudder）〔77〕的積極參與。前者是洛杉磯郡監督委員會的成員，素以熱心奉獻和誠正而知名。後者有一個銳利腦袋和一雙訓練有素的耳朵，而這兩樣東西很快便讓他在法律界、音樂界及民權事務界享有盛譽。這樣強化過陣容之後，我們辦了一場有湯馬斯·曼（Thomas Mann）演講的餐會，找來貝蒂·戴維斯（Bette Davis）[50]接我這個業餘者之手主持募款，用募來的錢

50　美國知名女演員，兩度獲得奧斯卡最佳女主角獎。

租下好萊塢露天劇場（Hollywood Bowl），搞了一個大型集會。我們得意洋洋地把集會舉行那一天（一九四五年七月四日）命名為「相互依賴日」。

助理法官默菲（Frank Murphy）遠從華盛頓而來發表主要演講（事後拒收我們致贈的一千美元）。同台演講的還有一位天主教大主教、一位基督新教牧師、一位猶太拉比和一位黑人神職人員。新教、天主教、猶太教和黑人詩班分別獻唱過之後再同台獻唱。我帶領一萬八千名參加者齊誦「相互依賴宣言」，就像對著一位最高法院的大法官宣讀誓言。一年後，教育委員會同意讓該宣言掛在洛杉磯所有學校，而克羅爾女士（H. David Kroll）慷慨解囊一千美元為每份宣言鑲框。這一切都讓我們覺得，我們的歷史地位將與傑佛遜[51]等量齊觀。我們為我們的小小成就志得意滿，不思更有作為，完全沒意識到種族混亂即將在四面八方爆發。

我和邁耶當然都是天真的理想主義者，從未細究過那口沸騰的種族大湯鍋有多深。我們以為光靠每年一次的講道和唱歌即可冷卻人們遇見陌生事物時會有的激烈反應。我們一直住在北方，從未感受過南方因為經濟、政治和社會地位上低北方一等而生的怨氣。我們對南方白人有多害怕黑權在北方崛起毫無概念。我們低估了以下這個謬說的蔓延範圍和深〔78〕入人心的程度：黑人天生低白人一等，沒多少可透過教育提升的可能。我們從沒住過因少數族群湧入而房地產價格大跌的城市區域。我們看到過許多事業成功的黑人醫生、黑人律師、黑人牧師和黑人公職人員，為他們人數愈來愈多和成功得愈來愈快喝彩，卻從未體驗過私刑的可怕、被餐廳飯店拒諸門外的屈辱感，或哈林區的赤貧。我們各為自己的事情忙碌，也在潛意識裡對自己身為地方強勢族群的一員有一種滿足感。

所以，當我慢慢長大之際，種族問題演變出更多不同的面貌，昂起了它一百個吐信的頭顱。在南方，一個黑人隨時都有可能被一個白人殺死，而殺人者極少會被判刑（會被逮捕者更少），因為陪審團盡是他的同儕（即皆為白人）。基於十幾種歧視性的規定，一個黑人想登記為選民千難萬難。又如果他終於爭取到這項權利並實際行使，那他泰半可能會失去工作和吃飯的權利。住在黑人佔大宗地區的白人會不惜用任何暴力手段阻止一個黑人當上市長。所以，只要是不缺乏勞動力的南方地區皆鼓勵黑人北遷。

於是，有些黑人帶著可得到公道和富足的夢想北遷。一度，他們在需要肌肉和卑躬屈膝的工作場所找到活計，要不就是靠公共救濟過日子，用他們的強盛生殖力嚇白人一大跳。數以千計的波多黎各人湧入了紐約，讓它比從前任何時候更膚色斑駁。不多久，

51　美國開國元勳，第二任總統。

曼哈頓公立學校裡的白人小孩便成了少數族群。白人家庭紛紛遷出紐約、波士頓、費城、克利夫蘭和芝加哥，移居郊區，讓美國最大一批城市因新臉孔和新的恨意而暗下來。與此同時，科技進步讓大部分黑人男性失去他們在製造業的位置，變得需要依賴救濟、依賴施捨，或是依賴妻子——她們靠著為白人家庭打掃房子維持她們的簡陋小屋。在被財富包圍的擁擠貧民區裡，貧窮孕育出種族意識，用狂野敵意驅使黑人犯任何罪。街頭從此變得不安全。白人公民以恨意回敬恨意，對黑人公民權大搖其頭。可資緩和貧窮的經費被政客污到口袋，而海外戰爭則讓一度改善過美國生活的黃金消耗殆盡。

如果我假裝自己解決得了所有這些難題，那就是厚顏無恥到了極點。它們源自人性，不是我憑著一枝筆可以改變。我們不信任不熟悉的事物，是因為我們尚未學會怎樣處理它們。面對它們，處於某些心緒或地方的人會心焦如焚，不覺得前景溫暖。

非技術勞工被科技進步淘汰而失業的現象非我們這一代所能解決。我們能做的只是救濟失業者，給其中可教育的一些提供職業再訓練，並為他們的子女提供教育，讓下一代準備好在這一代逝去後在新的生產、分配和金融機系統裡佔有一席之地。我深信，只要不被一個充滿敵意的環境壓抑，則非白人的心靈和個性會發展得跟任何人一樣好。如若不信，請看看有多少非白人曾克服萬難而在文學、音樂、醫學和法律界取得卓越成就。所以，在

〔79〕

種族問題上，我會毫不害臊地再一次開出那帖萬應靈藥：延長和擴大教育。

懷疑人性者（cynic）看見我對教育寄與這種老式（十八世紀式）的信賴，一定會竊〔80〕笑。但替代方案何在？替代方案是警察國家，是一百年的內部仇恨、社會紊亂、失控暴力和都市衰敗，而且是正值地理和傳播的藩籬被打破，有愈來愈多國家和外國觀念對美國構成多種多樣挑戰的時候。難道我們的良知和正義感不是告訴我們，任何人（不分種族）都被應許有完全和平等的權利進入美國夢嗎？

第十三章

論女性

我要在死前為女性唱一首讚美詩。愛麗兒（她是該首讚歌的「第一因」）聽了之後哈〔81〕哈笑，說我應該謳歌的是我的腺體，她認為，是我的生殖腺的眼裡出西施。好吧，那就把腺體也納入我們的連禱吧。

沒有人會相信我的此一說法：女性的美常常會讓我興奮卻又不會勾起我絲毫生理慾望。我自認，我的亢奮是純美學性的。這大概是自欺，而我也不敢發誓說我的「潛意識」或血液裡沒有潛伏著慾欲。但我一再憧憬走近一個女性，靦腆地感謝她讓我有那麼賞心悅目的物事可以欣賞，又向她保證，我完全沒有歪念——哪怕只是摸摸她的手。

我這個人有點不正常，因為任何形式的美都會讓我激動。對陪我散步的人來說，我是個討厭鬼，因為我動輒被可愛或壯闊的事物攫住，例如藍天上的白雲，或香雪球蜜般的香氣，或一個路過年輕人明亮的臉，或一株又高又直的榆樹（它向四面八方叉開枝椏，就像惠特曼所說的「擁抱宇宙」）。每當我思及這個讓人眼花繚亂的星球有多少美的事物，都會覺得若是我可以把它們全看過一遍，將不啻是進入了不朽。但顯然幾乎沒有人像我一樣天真或濫情，會想跟我一起感謝那個創造女性的神祇。

〔82〕

我讀過叔本華談這個危險課題的作品，也知道有很多當代人長篇累牘攻擊女性，把她們形容為利用魅力和陷阱吸乾我們的「吸血鬼」。在一些頭腦清明的間歇，我會承認許多女性瑕疵多多。物欲、佔有欲、忌妒心和驕傲是她們很多人的特徵。她們很不容易長久維持一段友誼，因為她們必須花很多時間去贏得、保有和給予男人愛情。她們的美有一大部分是出自人工，必須在就寢前移除。她們有本領搶走別人丈夫，讓別人心碎，導致家庭破碎。她們比較不像男人那樣客觀思考。她們會對某種觀念感興趣，只是為了吸引她們喜歡的男人。她們常常把願望當成事實，為辯而辯。有些女性看來把精力全花在維持頭上的濃鬱秀髮，以致不留精力給腦袋。她們常常被追求者愚弄和欺騙——這些追求者把新鮮誤當成漂亮，又樂於花大把鈔票把女人變蠢。女人比男人更易為神棍所惑，因為她們對世界（一個折騰紛至沓來的世界）帶給她們的憂慮和悲痛較難忘懷。比起男人，她們為人類提供的天才較少，但比起男人，她們為人類提供的蠢才也較少。理由在於，男人的智力會因著經濟競爭或搞政治舞弊而受到磨利，女人卻不太會捲入這些事，因為她們一般注定成為媽媽，要把母親角色扮演好，需要的是本能直覺。而通常，本能直覺可讓女性贏得男性憑智力贏得的所有東西。〔83〕

我不打算計較女性的毛病，因為她們在延續人類一事上嘔心瀝血，也備受讚揚。人類也許是不應該延續下去的，但那是另一個問題。我看到的女性首先是個女孩，她懂得用端莊讓自己加倍美麗，又模糊意識到自己不久後將會成為被追捕的獵物，再成為被上銬的俘虜，再成為人類物種的工具。她雙頰緋紅，因為她會積極參與遊戲和運動，騎車和騎馬。每當她光著漂亮腳丫坐在地板，大腿被牧羊犬的頭枕著時，都會讓我們這些老頭子的眼睛感到愉悅。

當她的青春期接近尾聲，我看見年輕男生圍繞在她四周，巴望得到她的青睞，急著碰觸她的手、她的唇和至高點（plus ultra）。我知道她必須在賣弄風情和假裝正經之間的羊腸小徑前進，必須在自我貶損的征服與完整的孤獨之間覓路而行。一如許多比賽的獎品那樣，如果她會像交配季節穿戴得一絲不苟的男性那樣，培養出打扮自己的虛榮心，也並不值得奇怪。唉，我們時代加給她的重擔是多麼的重：她必須不被一眾追求者的熱烈崇拜所惑，必須選擇出一個穩定、節制、有經濟意識、完全有能力供養妻小、足堪充當忠實丈夫和明智父親的對象。對一個年輕腦袋和一顆震顫心靈來說，這是何等沉重的責任啊！

接著她會成為新娘，靦腆而自豪，像賭徒那樣準備好把全副身家押在骰子的一甩或輪盤的幾轉上。如果你是過了更年期的人，也許會主張你的賽馬（以其閃閃發光的毛皮，以其會輕觸人的鼻吻）更有吸引力，或主張你的愛犬（以其漂亮的頭部輪廓，以其優雅的蹦跳姿勢）更有吸引力。我經驗過類似心緒，但最終還是把最高禮讚還給女性。〔84〕想想看，世界上所有女性——美國的、愛爾蘭的、英國的、法國的、西班牙的、義大利的、德國的、斯堪地那維亞的、波蘭的、俄國的（各位可曾看過安娜．巴甫洛娃[52]？）、希臘的（一九三六年時，我們稱我們的那位漂亮雅典導遊是阿芙羅狄特[53]）、印度教的、伊斯蘭教的（各位可曾讀過阿拉伯和波斯的愛情詩？）、中國的、日本的——有哪個不是（雖然為時短暫）形體、容貌和風姿的奇蹟。

幾乎所有受過高等教育而又處於青春巔峰的女性都會讓我情不自禁。我驚嘆於她的皮膚順滑有如天鵝絨，驚嘆於她的手柔若凝脂撫摸你，驚嘆於她觸摸你臉龐要你破費時的細緻觸感。我樂於用手撫過她的秀髮——要是此舉不會擾亂它那不可冒瀆的定型的話。我不敢直視她的眼睛，生怕會被誘入深處（哪怕只是個讓人意興闌珊的深處），無路可回。她的聲音會在愛中溫柔降低，會在歌中有技巧地提高，讓我納悶是不是有個神正在演化實驗室裡工作。我認為女性的體態比任何被人看到過的天使都更優美。我特別欣賞她前方的挺起（frontal elevation）[54]，哪怕現在有一種弱化支撐的趨勢[55]讓它們變成懸垂的大團。我會偷偷摸摸看她腳踝的閃光，看她輕快腳步的整齊節奏，但痛恨那兩根支撐被她稱為鞋子的薄片的長釘[56]。她的優雅移動風姿就像一首肉身化成的詩，看著她輕鬆流暢走過廳室，就像是被無聲和看不見的輕風吹送著而渾身沒有一絲重量，我總是張口結舌，心醉神迷。

然後她會當上媽媽。此後二、三十年，她將會在憂慮和心焦中拉拔一個一個又一個孩子長大，讓他們健康、正派和睿智。她會經歷分娩之苦，在這個過程中儼如天主之母（*dei genitrix*），幾乎像個女神——若說世間有什麼是神聖的（divinity），捨此無他。生物學家無法不把上帝想像為女性，因為在生物界，雄性一般而言是附屬的、從屬的，有時 〔85〕

---

52 安娜．巴甫洛娃（AnnaPavlova）：俄國女演員，十九世紀晚期最知名和最受歡迎的古典芭蕾舞者。

53 阿芙羅狄特（Aphrodite）：古希臘神話中職司愛與美之女神。

54 指胸脯。

55 應是指不戴胸罩的趨勢。

56 可能意指他討厭高跟鞋。

還是多餘的。天主教徒主要是向聖母禱告，這是對的。許多年前，看見愛麗兒分娩埃賽兒（Ethel）時的辛苦樣子和發現自己什麼忙都幫不上時，我滿心羞慚。走出產房後，仍然魂飛魄散的我喃喃自語，「我要永遠對女性仁慈。」讓女性的罪（sins）輕輕躺在她的頭上吧，因為她是我們所有人仁慈的母親。

為人母者無須去問人生有什麼意義，因為隨著兒女的身心逐漸茁壯，她便知道她正在實現自己的使命，知道這使命正在把她帶向自我圓滿。看著兒女安度童年的各種疾病，看著兒女從任性的年輕人成熟為成年男女，看著兒女本身兒女成行——這些都是她的獎賞。三代人共聚一堂時，她會默默自豪，對自己身體和靈魂的果實感到難以言喻的快樂。她愛他們而他們也愛她。只有頭腦不清楚的人會說她的人生沒有意義。人生只要是以值得被尊敬的方式充分活過，它就會是自己的獎賞，用不著額外的意義。

第十四章
論性

何以我會迷戀女性？何以如今一把年紀的我仍然像六十年前在耶穌會大學念書時的我〔86〕一樣，會對女性的魅力反應強烈，不時偷偷跑去看一場脫衣舞？我要再一次強調，在大多數情況，女性美在我身上引起的興奮，都是一種美學情緒而非意識層面的慾望。但我懷疑，此說要能成立，是以雙方隔著一個距離為前提，要是那些迷人女性對我有絲毫挑逗，說不定我的心念就會難以維持純潔無邪。總的來說，我相信大部分男人都會對任何性挑逗起反應，而且是以近乎反射動作的方式起反應。我也一直相當納悶，我們男人為什麼會是這麼一種帕夫洛夫式（Pavlovian）[57]機器人。

有時我會覺得，肉體的吸引力是來自遮掩。試問，如果女性胸脯（就像舊日峇里島的風俗那樣）時時刻刻袒露在男性眼前，它們還會撩逗得起情慾嗎？遮掩讓所有的顯露都成了一個悸動時刻。基於女性的性心理學知識要優於男性，我們也許會納悶，她們為什麼沒有學維多利亞時代的女人那樣，把全身包得密不透風，好讓自己的「資源」獲得最有效利用。不過，她們比我們知道的更精明，明白部分遮掩比毫不遮掩或全部遮掩都更勝一籌。〔87〕這讓男性可以縱情想像，並透過時間把遮掩全部解除。有關女性胴體的語言或文字描寫會攪起好奇心，而好奇心會強化欲望——由此看來，我們的激情有很大部分是透過灌輸而得到。拉羅什富科（La Rochefoucauld）[58]不就曾說過，「任何沒聽過或讀過失心瘋愛情故事的人有可能會墮入愛河嗎？」

演化理論主張，最有「播種」衝動的物種會最繁榮茁壯。這樣，經過很多代之後，其性本能將會變得極熱熾，強度僅次於覓食本能。在一個吃不飽的男人眼中，阿芙羅狄特大概不會是一個美的典範，而只是一頓潛在的大餐。然而，基本口腹需求獲得滿足後，他就會飽暖思淫慾，整個心思都被暴君般的性慾所挾制。正因此，在那些幾乎已全面解決飢餓問題的國家（美國、英國、德國和法國），人們對性的態度也最是肆無忌憚和不負責任。

大自然（這裡指演化過程）執迷於繁殖，把個體當成物種延續的工具和片刻。除吃食和授孕以外，她對其他事情都不屑一顧，我們的所有文學、藝術和音樂在她眼中的唯一價值只是刺激性愛和裝飾性愛。從這種觀點看，甚至吃食本能也是從屬性的，只是性本能的僕人。沒錯，吃食本能在時序上要更優先，在不吃東西的情況下沒有生命能繼續維持。不過，生物會致力維持生命，只是出於一個潛意識動機：讓自己可以發育至「生物成熟」階〔88〕段，即發育至擁有繁殖能力的階段。完成繁殖任務之後，我們會繼續吃食則是為了可以活下去，照顧後嗣。當這兩個任務均完成，大自然就不會進一步利用或關心我們，我們通常不久之後就會死去。設若我們沒死掉，繼續活著，也會變成只是生命遊行隊伍可有可無的旁觀者。

對這場遊行為什麼應該繼續下去，我找不出任何有力的支持理由，但它一定會繼續下去。有時我會仇恨支配著我們的性本能，我看見它毀了很多人的人生，讓很多國家陷入紊亂，使準哲學家淪為急躁的猿猴。我也明白，過去的文明何以要透過權力和神話，辛勤築造阻擋慾潮的大壩。婚姻制度就是為控制慾流而設計的工具。基督教國度要求一夫一妻，伊斯蘭國度允許一夫多妻，乃至亞非地區會縱容妻妾成群，理由皆在此。在一些基督教社

57 帕夫洛夫：俄國生理學家暨心理學家，第一個發現「條件反射」現象的人。他以狗進行實驗，每次餵狗前先搖鈴，久而久之，他發現無須餵食而光是搖鈴便足以讓狗分泌唾液。

58 十七世紀法國作家，以創作箴言妙語知名。

會，婚姻正逐漸失去其堤壩功能，以致誰都說不準，它會不會終有一日被性本能對更大自由和更大變易的要求擊垮。

我不確定我是不是樂見我們的性激情有所減弱，因為它是人生一半熱情的由來。我們的美感泰半是性激情的衍生物：所有其他形式的美看來都是衍生自女性的美，而我們的雄渾感（sense of sublimity）也許是以男女都景慕的陽剛氣概為主要來源。譴責性不啻是把審美感受和審美反應判為非法，如此將會砍去藝術的豐富根基。

要在閹割狂與色情狂之間找到一個愉快中庸，我必須再次訴諸我那帖被賦予過多責任的萬應靈藥：培養睿智。如果我們把身體教育得健康，把心靈教育得有能力調和本能與理〔89〕性，我們就可以既享受到性的悸動，又可以把它限制在不違公共秩序的範圍內。我們會知道怎樣才是對自己好而知所審慎。人是完全有可能對一百個異性心動的同時，又能斷然忠實於其中一個。以這種方式，我們將可同時得兩種恩澤：性激情帶來的瞬時熾熱和持久之愛帶來的寧靜滿足。

第十五章

論戰爭

一八三〇年，法國海關官員佩爾特（Jacques Boucher de Crèvecoeur de Perthes）在索姆〔90〕河流域出土了一些形狀奇怪的燧石用具，後經學者研究，判定為舊石器時代人類用來打仗的武器。這些石器被命名為 coups de poing，意指「拳之擊」，因為它一端磨圓以供抓握，另一端磨尖以供刺戳。利用這些最簡陋的殺人武器，尼安德塔人（活躍於今日德國）和克羅馬儂人（活躍於今日法國）在五萬五千年前為爭奪地盤互相廝殺，經過一日的浴血後留下了大約二十具屍體。在第一和第二次世界大戰，現代德國人和現代法國人為爭奪同一件獎品而在同一個流域再次廝殺，不同者只是他們的武器威力要大得多（每日可殺死一萬人）。無可爭議的，進步得最長足的藝術乃是戰爭的藝術。

過去五萬年以來，兩千代人對同一地域的爭奪構成了一幅連綿不斷的圖畫——其開始與結束同樣朦朧不清。就連最世故的心靈都會對歷史上戰爭的頻繁大吃一驚：首先是「野蠻人」之間偶爾的爭吵和互相突襲，然後是埃及、蘇美、巴比倫和亞述血跡斑斑的編年史、希臘城邦之間不知疲倦的手足相殺、亞歷山大大帝和凱撒的征服、帝國羅馬的勝利、伊斯蘭教的擴張戰爭、蒙古大軍的大屠殺、帖木兒堆積如山的人頭骨、百年戰爭、玫瑰戰爭、三十年戰爭、西班牙王位繼承戰爭、七年戰爭、英國和美國和法國和俄國的革命、拿破崙戰爭、南北戰爭、美西戰爭、日俄戰爭、第一次世界大戰、第二次世界大戰……在我們被悲觀情緒籠罩的時刻，這一片血腥看起來就像是歷史的主流，而人類的所有的文化成就（光彩熠熠的文學與藝術，女性的溫柔與男性的騎士風度）不過是河岸上的點綴品，毫無能力改變歷史大河的流向和特徵。

但上述的描繪毫無疑問是誇大了戰爭在人類歷史的比重。衝突充滿戲劇性，對比之下，和平世代（在歷史家眼中）顯得是沒有歷史的。所以，我們的史家盡是大書特書戰爭，不自覺地把過去扭曲為一連串的跌跌撞撞。在我們頭腦較清明的時刻，我們知道事情是別的樣子。在任何國家的歷史裡，和平歲月所佔的分量都總是大於戰爭，而文明的歷史（法律、道德、科學、習俗、宗教、哲學、文學、藝術的歷史）就像時間長河裡隱藏著的

〔91〕

黃金。

不過，戰爭卻是一再發生。它在未來還是會一再發生嗎？是人性和社會結構中的哪些〔92〕成分導致它一再發生？我們有可能預防戰爭或控制發生多少戰爭嗎？

戰爭的原因兼含心理層面、生物層面、經濟層面和政治層面，也就是說，它是出於人類的本能衝動、群體間的競爭、社會的物質需要和國家的野心及權力。

戰爭的基本原因都在我們自己裡面，因為在歷史的顯微鏡下，國家不過是人類靈魂的擴大。人類的主要本能（貪得本能[59]、交配本能、戰鬥本能、行動本能和聯繫本能）是戰爭的最終根源。曾經有過幾千年時間（甚至可能是幾百萬年時間），人類的食物來源都是不牢靠的。因為還不懂得農耕的妙用，他們只能靠打獵碰運氣。通常，一打到獵物，他們就會當場把獵物撕開或切開，狼吞虎嚥生肉和溫血，塞下比胃容量大三倍的食物分量。他們不得不爾，因為天曉得他們的下一餐會什麼時候吃到？所以，「貪婪」在最初只是意味為明天而吃、而儲備，而「戰爭」只是意味突襲他群搶奪食物。所有惡德（vice）大概一開始都是美德，是為求生存所不可或缺，只有到了後來社會愈來愈趨於安全富足，讓它們

59 這裡的「貪得本能」指覓取食物和其他必需品的本能。

變得不是活命所必須，它們才會變成惡德。既然貪得本能和佔有欲是歷經幾百萬年的不安全而烙印在人類身上，那就沒有任何法律、道德或理想可望把它沖淡或抹去。只有許多個世紀的安全富足才能起這種作用。

渴望擁有配偶和子女的本能可解釋半部的人類私人史（private history），但這種本能並不總是戰爭的原因。例如，「強搶薩賓女人」（rape of the Sabine women）[60]便大有可能不是目的本身，而只是爭奪土地和食物的連帶後果。

〔93〕就做為戰爭的原因而論，戰鬥本能要比交配本能更顯著。大自然不遺餘力培養生物的戰鬥本能，讓它們可以藉此得到食物或配偶。至於體格較弱的物種，大自然則會賜給它們狡猾和合群的優勢。由於那些求食本能、求偶本能和戰鬥本能愈強盛的群體（總的來說）會愈能存續，這樣經過許多代人之後，這些本能會被天擇保留下來和愈加強化，並衍生出許許多多第二梯次的新欲望。

例如，隨著求食本能擴大為積聚巨大財富的欲望，戰鬥本能也會膨脹為權力欲。權力欲在大部分人身上都是好事，可以刺激進取心與創造力，但在那些異常的人身上，它卻會變成危險的疾病、靈魂的腫瘤，會唆使當事人去打一千場戰爭（通常是透過代理人為之）。一個例子是尼采：他因為神經質和病弱而不夠資格從軍，但當他看見騎兵隊疾馳過法蘭克福大街時卻大為興奮，登時寫就一首歌頌戰爭和「權力意志」的讚歌。

行動本能（instinct of action）最初是表現為愛冒險，或表現為避開相對性或路徑化。更常見的一個戰爭原因是聯繫本能（instinct of association）。人都害怕孤單，很自然會聚在一起互相取暖。這樣，一個社會就慢慢發展起來，讓人可以在它受保護的疆界之內和平生活，累積知識和貨財，膜拜自己的神。又因為我們的自愛（self-love）是會溢流（流向我們的父母子女、我們的房子與家財、我們的習慣與制度、我們習以為常的環境和繼承而來的信仰），假以時日，我們也會養成一種愛自己國家和自己文明的情感。每當它們任何一者受到威脅，我們的好鬥本能便會被激起。在一個充滿對立和沒有法律的世界，這一類 [94] 愛國情操合理而必要，因為沒有它，群體就不能存續，而沒有群體，個人就無法存續。偏見對哲學是致命傷，卻是任何國家所不可或缺。

把所有這些激情（貪得、好鬥、自我中心、妄自尊大、對群體的感情和對權力的欲望）加在一起，你就會得到戰爭的心理性根源。把它們放入群體中，他們就會成為生物性

60 傳說中，第一代羅馬人因為城中嚴重缺乏女人，乃攻擊鄰近的薩賓部落，強搶女人為妻。十六、十七世紀法國畫家普桑（Nicolas Poussin）曾以其為題材作畫，題為《強搶薩賓女人》。

根源。群體就像個人一樣，會飢餓會憤怒，會有野心會驕傲，也必須為生存而掙扎。基於人類的強大繁殖能力，一個群體的人口很快便會倍增又倍增，超過地方資源的負荷程度。就像身體某個部分的飢餓會引起整個身體的飢餓，群體部分成員的飢餓也會引起整個群體的飢餓，導致群體與群體有必要為了爭奪土地或水源而戰。歐里庇得斯（Euripides）[61]在兩千三百年前便知道，特洛伊戰爭（Trojan War）歸根究柢是由希臘人口的急速成長所引起。

群體飢餓會孕育出群體好鬥心態，而這種心態又會讓群體（就像讓個人那樣）發展出具防衛性和攻擊性的器官。在群體，這些器官被稱為軍備，而當一個群體的軍備夠強大，它們本身也可能會成為戰爭的第二梯次原因——情形就好比一個意識到自己二頭肌發達的男孩會比較喜歡揍人。不管是在個人還是群體，擁有若干「軍備」都是必要的，因為生存競爭乃是無可避免，是人生的宿命。

以上提到的心理動力和生物動力是人類衝突的最終根源，而源自它們的國與國敵意則會產生出戰爭的直接原因：經濟原因和政治原因。浮面的分析會在找到這兩種原因後便自滿。

引起戰爭的基本經濟原因是爭奪土地。土地的好處不一而足：可供容納注定不斷膨 〔95〕

脹的人口，可提供天然資源，可帶來新的兵源和稅源。此所以古希臘人要把勢力擴張至愛琴海、黑海和地中海，後又擴張至拜占庭、以弗所（Ephesus）、亞歷山卓、敘拉古（Syracuse）、拿坡里、馬賽和西班牙。此所以英國要在過去兩世紀把勢力擴張至全世界。此所以美國現在要不斷擴張勢力。

這種被經濟動機激起的征服野心復受到工業革命的激化。一個現代國家想要打勝仗，前提是必須富有；而想要富有，它必須發展工業；而想要維持工業，它必須（只有少數個案例外）從海外進口食物、燃料和原物料；要能支付這些輸入品，它必須輸出工業製品；要能賣出工業製品，它必須找到海外市場；想要找到海外市場，它必須把售價壓得比競爭對手低，要不就是發動戰爭。至少有一半機會，它會願意為它認為重要的任何出口項目發起戰爭，或為控制它少不了的進口項目的商路發起戰爭。

希臘為愛琴海、達達尼爾海峽和黑海的控制權而戰，是因為它仰賴從俄羅斯進口的莊稼。羅馬必須征服埃及，是因為需要穀物；必須征服小亞細亞，是因為它的手工製品需要市場，而它的統治階層需要財富。埃及的小麥、近東的油和印度的棉花解釋了英國史上許

61　古希臘三大悲劇家之一。

多對外戰爭的原因。西班牙的銀可解釋羅馬人和迦太基人的誓不兩立。西班牙的銅多少解釋了納粹德國何以要幫助西班牙法西斯政權。我們的無罪自我（sinless selves）曾在一八九八年愛好蔗糖[62]；而在更早前的一八五三年，我們也曾軟硬兼施打開日本市場，逼得日本非轉型為工業化國家不可。自此，日本人也熱中於攫取海外市場和戰利品，最終在一九四一年回鄉省親，落腳在珍珠港。

商業的景氣循環對現代戰爭的原因亦有所貢獻。由於人天生不平等，所以在任何社會，大部分的能力都是由少數人擁有。基於此，在任何社會，大部分的財貨或遲或早都會是由少數人擁有。但這種自然的財富集中現象會妨礙普遍購買力的提升，而又因為資本家會反覆把利潤再投資在促進生產，生產最終會遠大於消費。生產過剩必然會帶來蕭條或戰爭這兩種後果的其中之一，即要不是停止生產以等待消費趕上，就是「打開」海外市場好讓本國的生產剩餘有地方可去。〔96〕

以下補充幾個導致戰爭的經濟原因。政府的第一定律是自我保存，第二定律是自我擴張（它們的胃口會被它們的飼料養大，而它們也一逕相信，只要一個國家停止擴張，它就會死掉）。另外，國與國之間的權力分配總是會隨著以下的因素發生改變：新技術的發明或新物料的發現，人口的大增或大減，宗教、道德和個性的弱化。而一旦一個國家變強，它就會向變弱的國家伸張自己的權利。這就是為什麼想要用一紙和平條約維持現狀會那麼困難。這樣的條約不會產生一場戰爭才是真正值得驚訝。歸根究柢，和平只是以另一種手段進行戰爭。

如果上述分析基本正確，我們就不能對任何終結或緩和戰爭的構想寄與厚望。例如，威廉・詹姆斯（William James）曾經出於好意，建議應該要求這國家每個年輕人服一或兩年的勞動役，參與一場範圍遼闊的「對抗自然之戰」（War against Nature），讓他們有機〔97〕會在一種「戰爭的道德等值體」，以有創意的方式抒發身上的行動本能、冒險本能和聯繫本能。美國試行過這方法——表現卓越的「和平隊」（Peace Corps）[63]就是其體現。但這樣的設計顯然不可能搆得著國際衝突的主要根源。另一個和平構想——「國際聯盟」[64]——基本上只是戰勝國用以保住勝果的一項合謀，這就不奇怪，當戰敗國的繁殖力和工

62 作者這裡是指美國對蔗糖的需要可解釋一八九八年美西戰爭的起因。透過這場戰爭，美國奪取了西班牙的美洲殖民地，進而控制了加勒比海。

63 「和平隊」成立於一九六一年，為一由美國政府管理的志願者團體，每梯次八千人，接受幾個月培訓後，派赴世界各地貧窮落後地區為當地人提供幫助，為期兩年。

64 第一次世界大戰後成立的國際組織，性質類似今日的聯合國。

業力逼得《凡爾賽條約》所規定的國際權力平衡有所改變之後，國際聯盟亦隨之倒台。國家的生命力是不會因為你給它套上緊身衣而變得寂然不動。有些人把和平主義運動看成戰爭的處方，但它的一大難題在於它很難挺得住保家衛國的呼籲：請看看，那些當初在牛津大學生俱樂部起誓絕不為國出征的年輕人，誰沒有在對抗希特勒戰爭期間踴躍共赴國難？

綜觀歷史，那些以人類良知為號召而呼籲止戰的聲音殊少影響力。這是因為並無人類良知這回事。道德是一種習慣，是奠基於多個世紀強制所產生的秩序。所以，國際道德需要以國際秩序為前提。但國際秩序又是以國際力量為前提：沒有警察就不會有良知。所以，一個明智的民族會既熱愛和平又隨時備戰。

要有效解決戰爭的問題，能倚靠的不是豐富感情和崇高情懷，而是仔細研究每個可能引起戰爭的原因和耐心尋找對策。就像部署戰爭一樣，部署和平必須實事求是：對每個因素都有充分準備，把每一種可能性都事先納入考慮。但這麼繁重的工作不是那些只能偶爾從國內事務抽身的政治家能夠勝任，而是需要一些第一流心靈的全職關心。戰爭的誘因實在太多和太有力了，因此它們每一個都應該被隆而重之，交由一個專門任命的國際委員會來對治。目前既然有大量專家、經濟學家和外交家閒著，所以不妨把他們分發到各個委員〔98〕會，讓他們研究戰爭的經濟原因、耐心傾聽摩擦兩造的爭論、調查和解的可能性、對各自的政府提供專門和有可行性的建議，並讓他們在不受激昂公共輿論壓力的情況下工作。總之，我們必須從源頭便把戰爭細菌給隔離，再以體諒和協商來將它們殺死。

其中一個委員會應該是專門對付人類可怕繁殖力所產生的各種問題，其任務包括：在出生率太高的地方推行家庭計畫和推廣節育方法，建立為食物短缺地區供糧的國際程序，尋找可供過剩人口移民之處等等。也許還應該建立一個永久的委員會，研究怎樣才能讓工業國家足夠得著原料、燃料和市場。美國國務院的一大責任應該是勇猛和持續地在每一個有戰火味的地點進行斡旋。

總之，我們必須避免烏托邦心態，而是像亞里斯多德建議的那樣，以得到些微的改善為滿足。我們不能指望世界的改善會比我們自身的改善快許多。也許，透過睿智的學習、不偏頗的歷史書、適度的旅行和誠實的思考，我們就不會那麼容易一頭栽進競爭性的殺人，可以在心裡給一種更廣泛的體諒和一種近乎普遍的同理心留出空間。我們將會在所有國家的素質與成就裡找到可供我們學習和提升的，由此讓我們繼承的文化遺產和後代子孫〔99〕更為豐盛。且讓我們盼望，我們總有一天是可以愛我們的國家，而又不致背叛人類。

第十六章
論越戰

對於局勢極度變動不居的越戰，任何寫於一九六七年五月七日的東西到了一九六九年〔100〕都幾乎會顯得愚蠢。就連最消息靈通的政治家，也曾就越戰發表過一些不過一兩年便被證明為荒謬的言論。但我還是要站起來，甘冒被取笑的風險，我要說出我的看法。

二十世紀的一大特徵是，雖然反戰聲浪有所升高，但戰爭只變得更頻繁和更大型，而且比從前任何時候都對人命及財產更有摧毀性。詩人、哲學家和母親紛紛哀嘆，但我們的本能繼續把人類分裂為互相嫉妒或仇視的種族、國家、階級與宗教信條。擁有權力的人總受不住誘惑要使用權力，國家利益的定義現在被拉寬至涵蓋一切目的，基於「安全」的理由或藉口，我們奪取和武裝距離本土愈來愈遠的前哨站。過了服役年齡的男性都隨時準備好被愛國呼籲感動，和平的鼓吹者被恥笑為懦夫，而支持相互諒解和相互調整的論證會被貼上「姑息主義」（appeasement）的標籤——就像去平息（appease）一場爭吵乃是犯了冒瀆聖靈之罪。民意的喉舌被徵召去支持和頌揚將軍將領。一件軍服可以讓一個公民變了個人，讓一個少女被迷醉，讓一個兒子被殺的媽媽幾乎接受現實。政府發現要發起一場戰爭比贏得一場選舉還容易。〔101〕

美國憲法把宣戰權保留給國會，卻不禁止總統以別的名目發動戰爭。有時候，這種通融有其必要，因為（例如）當國際發生危機，需要迅速應變時，不可能有時間等待國會開會仔細推敲。但實際上，在戰爭與和平一事上，美國總統形同獨裁者（唯一不同是他有任期限制），而總統的決定最終來說又是受一票將軍左右。公眾是可以批評，但批評了也沒用。因為有這樣的護身符，歷屆美國總統反覆對外國發起軍事干預，而國會面對既成事實，只好勉予追認。

一九四八年，美國第六艦隊奉命前往希臘預防一場共產革命，後又被派往土耳其抵抗俄國的壓力。一九五七年，國會批准了「艾森豪主義」（Eisenhower Doctrine），這主義保證：任何中東國家只要受到「共產國際控制的任何國家之公然武裝侵略」，美國都會伸出援手（刊載於一九五七年五月一日《洛杉磯時報》）。以這主義為根據，美國於一九五八年援助了約旦，而美軍又在黎巴嫩登陸——哪怕「在這兩件事情上，皆無鐵證可以證明，真有親附共產黨的國家做出『公然』侵略這回事。」（出處同上）甘迺迪總統在一九六三年再次確認了「艾森豪主義」。一九六五年，詹森總統宣布，他會應任何亞洲政府的要求，動用美國的財力和軍力，去鎮壓任何有共產主義傾向嫌疑的革命運動。〔102〕

這些宣言並非無緣無故。俄國和中國的共黨領袖都曾公開和反覆聲稱，他們決心推翻美國的經濟體制，要透過煽動和支持「解放戰爭」在非共產國家建立共產政府。由於我們時代的每個革命運動都多少帶點共產主義味道，所以。不管哪裡有一群窮人起義，要推翻經濟剝削和政治暴政，我們都保證（在應瀕危政府的要求下）出兵弭平革命（但我們不保證幫助被保守派軍隊攻擊的民選政府）。這樣一來，我們等於是對全世界的窮人宣布，共產國家是他們的朋友，而我們是他們的敵人。美國本是誕生於革命，至此卻變成了另一個「神聖同盟」（Holy Ailliance）[65]，在在像是那個矢志於鎮壓歐洲每一場革命的梅特涅（Metternich）。難道這是美國夢的一部分嗎？

65　拿破崙帝國瓦解後由俄羅斯、奧地利和普魯士組成的同盟（以奧地利首相梅特涅為核心人物），對撲滅各地起義活動不遺餘力。

為了公道，讓我們看看美國扮演的這種歷史新角色要怎樣才能得到最好辯護。我們不難想像一個國務院的官員會如此申述：

美國曾讓西歐從希特勒的猙獰和斯拉夫人的宰制中解放出來，如今，它看到它在遠東的朋友和盟國受到勢力愈來愈大的共產中國所威脅。大不列顛已經不再有財力繼續扮演它的舊角色，即再也沒有能力保護亞洲白人的權利、利益與文明。倘若沒有其他強權接手這個角色，有鑑於異種族的人口優勢，有鑑於他們對西方科技的激烈模仿，西歐和美國將無可避免會面臨以下情勢——就是在一個愈來愈擴大的亞非同盟面前俯首稱臣。除非對中國勢力做出即時和有效〔103〕的抵抗，白人在二十世紀的世界將注定淪爲二等公民。一步接一步，整個東南亞（包括柬埔寨、寮國、越南、泰國、印尼、馬來西亞和新加坡）都將落入中國控制。那之後，台灣、菲律賓甚至日本則會備受人口不斷配增和擁有核武的中國的威脅。從以下一則報導，可知這種危險極其眞實，「基於美國在越南所採取的立場和發生在北京的政治動盪，東南亞的非共產國家看似對未來變得更有信心。」（《紐約時報》一九六七年四月三十日）再者，我們也必須保護澳洲和紐西蘭，使它們免被中國巨龍勒死。

否則，這兩地的政府和生活方式將會被外國移民和外國宰制改變得面目全非。我們並不是主張白人天生較其他種族優越。但因爲我們剛好是白人，所以覺得有責任保護同類，哪怕他們過去犯過錯和犯過罪。更無庸說的是，中國的勢力擴張將使西歐和美國失去他們的東方盟友、市場、商業設施和商路。屆時，西歐會再次完全仰賴自己本已不足夠使用的原料和燃料。義大利和法國的共產黨勢必坐大，甚至到達可以奪取政權的地步。共諜將會湧入拉丁美洲，策畫一場又一場革命。如此，美國將失去所有盟友，被一個共產主義大海包圍。〔104〕

以上的擔心也許有所誇大，但更明智的做法難道不是杜漸防離，拒敵於外國的土地嗎？難道我們應該放著問題不管而任其變大，應該等敵人來到家門前才有所行動嗎？我們的國民不願意讓他們的孩子被送到遙遠戰場是合乎常理的，因爲他們看不見此舉的意義（只有有遠見的心靈方能看出）。但若是下下一代因爲我們的短視、耽擱和懦弱而發現自己被外國強權所包圍和凌駕，他們會作何感想？我們必須以大格局思考。

這是個擲地有聲的論證，而我也可以某種程度體會總統決定開戰時有多麼無奈和憤怒，因為這決定除犧牲掉他對人民的愛，也讓他消滅貧窮和種族不義的雄心大計付諸流水。我痛恨那些不在其位而不知其難的人對他發出歇斯底里的謾罵。我知道他花了一輩子去了解政治事務，也知道政治事務的奧祕不是一個住在象牙塔的隱士（如我）所能了解。另一方面，儘管我對宗教失去了許多信仰，也讀過許多尼采的著作，但我至今仍是個「心性上的基督徒」（anima naturaliter Christiana），也仍然珍視那位可愛加利利人（Galilean）[66]的志向：「傳福音給窮的人……讓那些被擄的人得釋放……讓那些被壓迫的人得自由。」（〈路加福音〉4：18）

我對建立一個美國帝國興趣缺缺，不明白在離本土五千英里之處建立軍事基地或推行一種會引生無數戰爭的政策意義何在。我期盼的是，這個國家會鼓勵我們表現得像個基督〔105〕徒或紳士，會以禮對待哪怕只是敲門的陌生人。我相信，要幫助別的國家，更節省金錢也更人道的方法是把食物和技術援助出口到貧窮地區，促使那些備受威脅的政府轉型為福利國家，督促大地主釋出土地讓土地以較為平均的方式分配，以及勸說工業鉅子提高工人薪資（此舉可以擴大市場、提高利潤，帶來經濟穩定和政治和平）。

多年前，我曾反覆和公開主張（一個例子見於一九六一年九月十九日的《紐約世界電訊報》），雖然中國落入了共產主義（這種主義因為有違人性而注定只是曇花一現），我們仍應該承認它是個文明大國，有過傑出的治理術、道德哲學、文學和藝術。我主張我們應該耐心面對它目前的磨難，對其伸出友誼之手，去促進而不是反對它進入聯合國。我至今仍然認為，那樣做，對世界的政治和平及軍事和平都會更有助益。我也相信，美國若是能斷然抑制擴張野心，並一反「門羅主義」的立場，不去干預亞洲大陸任何國家的政治事務，那國際秩序一定會安穩得多。過去一如今日，我都深信，給予中國公平和真誠的談判機會，以及對澳洲和紐西蘭的安全做出保證，再怎麼說都勝於推行一種會導致相互誤解、相互抹黑、仇恨和戰爭的政策。我們卻不此之圖，選擇與世界人口最多的國家為敵（它未幾也將成為世界最強大的國家之一），為後代子孫招來一些對戰鬥有熱情的敵人。我們已〔106〕經把一份恨的遺產留給了子女，讓他們有可能被捲入一場對抗十億人的世界衝突。

我用不著馬基維利（Machiavelli）或他之前之後成千上百的政治家來告訴我，想用限制個人的道德法律來限制政府行為是不可能的。從政治實踐者的行為（有時還是從他們赤裸裸的言詞），我們得知每個政府都自認為它只要是為了國家利益著想，便有權盡情撒謊

---

66 指耶穌。耶穌自小生長在加利利行省。

和燒殺擄掠。我承認，要求一個政府謹守「十誡」和「黃金律」[67]是不合理的，因為那會讓它陷於極大的危險（因為它的敵人不會遵守遊戲規則）。況且國家也不像個人那樣，遇到冤屈時可以訴諸國家法律評理。我們是有聯合國之設，但有鑑於安理會的否決制度，有鑑於聯合國大會的人多口雜，它顯然不可能仲裁得了強權之間的紛爭，也沒有一個大國的民意會同意放棄國家主權。儘管如此，我們仍然有權希望，我們的政府當初（一九五四年）會願意簽署日內瓦協議，保證越南的中立；會同意把美國在越南的經濟利益問題留待談判解決，而不是採取不斷升高的干預和戰爭。我寧可美國失去它的帝國也不願它失去它曾帶給世人的美麗願景。

哪怕到了今時今日，我仍然樂見總統對胡志明和越共提出以下建議：（一）雙方停戰一個月，停止一切軍事行動與攻勢；（二）在南越舉行一場受國際監督的自由選舉，由所有南越成年人選出一個新政府；（三）接受越共加入談判並准予其在新政府中扮演角色；〔107〕
（四）待新政府建立起維持秩序的足夠能力後，美國將逐漸從南越撤出部隊；（五）保證提供援助以修補戰爭造成的破壞，並在整個越南（兼含南、北越）鼓勵一種進步經濟。

我不指望總統會聽取一個感情用事的國事門外漢建言（該門外漢坐在加州一座小山上，為基督的每日被釘十字架哀慟）。局勢的變化太快速了，前後三任總統的決定也把我們捲入太深，以致大部分美國人看來都勉強願意把武力政策貫徹到最後（這個「最後」的樣子是無法預測的，但有可能是災難性的）。但我們不應該放棄盼望（因為盼望乃生命的支柱），盼望我們的下一代可以從這昂貴的一課學到教訓，勇敢地用平和與友誼而非仇恨與戰爭來處理事情，從而讓我們年輕時愛過的那個美國得以復生。

67 黃金律的基本內容是「己所不欲，勿施於人」。

第十七章

論政治

寫這本書的一些章節時，我常常重讀我一九二九年的舊作《哲學的大廈》，以免拾自〔108〕己的舊牙慧和舊論證。有時我會暗暗佩服自己年輕時的口若懸河（那時我才四十四歲，而四旬對哲學來說是童年時期）。但其中一章卻讓我大驚失色，怎麼看都是我筆端流出過最偏頗和最不成熟的文章。

其標題為「民主失敗了嗎？」文中熱情洋溢地列舉出美國民主的所有瑕疵：它太以民意為依歸，而美國的民意往往資訊不足、被誤導和太感情用事；它的提名制度被政黨機器控制，而這機器偏好聽話的平庸者；它的市政官員腐敗無能；它的各級議會太逢迎遊說團體和富人；它的領袖太忙於選舉而沒時間思考。對於這些毛病，我開出的祕方是在大學裡

〔109〕

開設治理、外交和政府學院。念完任何一所學院的畢業生，即有資格成為市長候選人。任何在美國最大一批城市當過兩屆市長的畢業生，即有資格成為州長候選人，任何當過兩屆州長的畢業生，即有資格成為國會議員候選人。任何當過兩屆參議員的畢業生，即有資格成為總統或副總統候選人。政黨提名制度會繼續存在，對所有人開放，不以能力為依歸，但至少從此以後，受過專門訓練的人不會受到排斥。我至今仍然珍視這個方案，也很高興看到許多大學真的已經設立了政府學院。但文章的其餘部分在我看來是一種不知感激和壞脾氣的可恥情感迸發。（一想到萬一我能再活很多年，有機會重讀現在這篇文章，我就瑟瑟發抖，因為難保我不會又是嗤之以鼻。）

自一九二九年起，美國民主的成就便不亞於它的缺點。其市長、州長和總統的品質大大提升：羅斯福（Franklin Roosevelt）、拉瓜迪亞（Fiorello La Guardia）、林賽（John Lindsay）和洛克菲勒（Nelson Rockefeller）都勇氣十足、誠正而有遠見。聯邦政府克服了經濟大蕭條、種族危機和兩次世界大戰的考驗。它在眼光上常常超前於民意，事後獲得普遍讚譽。它對勞工的讓步就像對企業一樣多，它開始保護借貸者免受放高利貸者魚肉，又保護消費者免受假包裝與假標籤欺騙。透過用福利國家來緩和資本家的剝削勁頭，它也拯救了美國的經濟。

我知道很多真誠的保守主義者不信任福利國家，認為那是有違生物學原理的不明智舉措。他們相信，人類天性好逸惡勞，只有害怕飢餓和匱乏時才會有工作動機。有些評論家〔110〕補充指出，大部分貧窮都是當事人身體、心靈或個性的缺陷引起，非僱傭關係的不平等致之，還有些人暗暗同意尼采之說：窮人是社會有機體的糞便，是一種雖不體面卻必然的存在，是我們必須勇敢忍耐。我們記得麥考萊（Macaulay）曾警告，當窮人利用手上選票劫彼得之富以濟懶保羅之貧時，民主制度就會垮掉。波利彼烏斯（Polybius）在西元前一三〇年亦表達過同樣憂慮：

> 當民眾領袖出於愚蠢的求名心理，在大眾中培養出一種拿禮物的胃口和收禮物的習慣時，民主就會失靈，轉變爲暴力和高壓統治……當人民愈來愈習慣用別人的錢白吃白喝，用別人的財產維持自己的生活……最終會降格成完全的野蠻人，再一次需要一個主人和暴君。[註1]

所以，這位希臘歷史家同意柏拉圖之見，相信民主有可能因為太過民粹而遞變為獨裁。

這種危險是真切的。我知道有數以萬計的人是用救濟金和失業補助去維持他們的慵懶生活，知道有許多僱員故意跟妻兒分開住，好享有領救濟金的資格。這種用公共金錢來過懶散日子的現象已經成了市政府、州政府和聯邦政府庫房的一個排水孔，必須靠愈來愈高的稅率打平。儘管如此，社會福利還是必須維持和擴大（在這方面我們遠遜於英國），因為這不只是一種高尚的表現，還是一種可以防止國內階級衝突和人力外流的方法。〔111〕

讓美國經濟臉上有光的是，它的繁榮只能靠著人民的購買力一步步隨著他們的生產力而提升。而靠著科技、管理和技術的改進，美國人民的購買力也經歷了反覆提升。

我在別處指出過人生而不平等。這種不平等會隨時間的推移和生產技術的複雜化而擴大。財富會愈來愈集中，而集中的財富大部分是投資在機械化和加速生產過程。生產與消費之間的缺口會愈來愈大，到最後，生產必須放緩以等待消費趕上。但生產放緩又會降低整體薪資，反過來進一步擴大生產與消費之間的缺口，威脅到自由企業系統的生存。要打破這個惡性循環，最節省花費的方法是把由資本主義熱情產生的財富擴大分配。在一九三三至一九六五年之間，美國政府做到了這一點，靠的是把累進稅制擴大至所得稅和房地產稅，以及由國庫出錢促進公共衛生、安全、教育、娛樂與就業——換言之是擴大國家福利政策。除擊潰法西斯德國和帝國日本之外，這是我們時代美國政治家最精彩的成就。

主要是因為這個理由，自一九一六年起，我每次總統大選都鍾情於民主黨——唯一例外是一九二八年支持胡佛（Herbert Hoover）。當我以「斯克里普斯霍華德報業公司」初出茅廬的記者身分採訪民主黨大會時，英姿煥發的羅斯福——他在會上提名史密斯〔112〕（Alfred Smith）為候選人——讓我大為傾倒。我向大會建議，更明智的做法是提名羅斯福而不是被宗教問題絆住的史密斯。[68]當然沒有人聽我的，但我還是在一九三二年得償所願，而自此以後，羅斯福活著多久我就支持他多久。在我的評價裡，他是歷來最偉大的美國總統。他透過（在一九四一年）援助英法兩國而拯救了海外的民主，又透過把政府從資本家僕人的角色改造為公共福祉的工具，拯救了國內的民主。因著他和他的後繼者，美國系統變得貞潔而強壯，經得起任何考驗與比較。大亨們的孫子輩必然會為他建紀念碑。[69]

對抗貧窮的戰爭目前還處於早期階段。這是一件艱鉅和空前的事業，所以有權犯錯。不過，它被我們城市裡愈來愈多的貧民區和我們心裡的種族仇恨綁手綁腳。在這些方面，西歐要比我們幸運。它的城市由受過較好訓練的官員治理，而它人口中未被同化的少數族

---

68 史密斯是民主黨首個信奉天主教的總統候選人。

69 指同時代的美國大亨雖然討厭羅斯福，但他們的孫子輩卻會感念他提供他們一個更好經營環境。

群亦相對較少。我每年都會去一次紐約，而每次都會被嚇到。我看到的外國移民和歐洲白人移民一次比一次多，整座城市被切割為許多外國貧民區和白人貧民區，包圍著它們的則是一座由飯店和辦公室大樓構成的森林（業主都是一些自豪的郊區人，他們早上入城，下午溜走）。難道我們的大城市都注定要在種族仇恨、階級戰爭和救濟金的龐大支出中衰敗下去？要如何方能把幾百萬有恨意的人吸納進美國生活裡？

〔113〕方法是把他們的子女和孫子女送進中學和大學，送進政治機構，或是讓他們在一個「機會公平」的經濟裡得到一技之長的訓練。由亂返正必然會經過一個十年或以上的過渡階段，期間充滿猜忌、仇恨、失序和暴力，然後一切會恢復平靜。例如，一個世紀以前，當「一問三不知黨」（Know Nothing Party）[70]及其暴動在美國延燒之時，信天主教是危險的事。但今日，在許多美國城市，如果你不是天主教徒反而不安全。在我年輕時候，清理陰溝的工作都是由義大利人幹的，但今日他們卻控制著美國最大一家銀行。再想想看美國猶太人在過去半世紀取得多大進展，在我年輕時候，他們是紐約下東區備受欺負和貧窮的一群，但如今，他們的子孫卻是洛杉磯人數最多、最富有和受尊敬的一群。歷史並不禁止我們去盼望我們黑皮膚的兄弟姊妹會有類似的躍升。大熔爐繼續在融合，但不是透過通

婚，而是透過提高教育程度與生活水平。這個過程固然因為膚色分化和大量移民湧入而拖慢，但今日的美國還是看得見數以十萬計富裕的少數族群人士。透過提供免費的大學教育和不帶歧視的工作機會，再過半世紀，天曉得這些人會增加多少？

我一向仔細聽取別人對我們教育系統的有用批評。我自己對它的評價不是出自系統性的研究，而是來自我當老師的經驗（我前後在一家公立中學、一家私立中學、一間學院和一所大學任教——但全是一九三八年以前的事）。我相信，在傳授知識、訓練思考力和培〔114〕養自律方面，歐洲的中學和大學要比我們的做得好。但美國的學校優勝之處是數量眾多和包容性。我目睹它們對批評做出回應，看著它們檢查自己的鬆散，看著它們放下架子，把全民（包括少數族群）的心智水準和裝備向上提升。面對冷漠、偏見和納稅人的反感，這是一件英雄事業。所以說到底，我相信美國人的勇氣和美國的教育制度可以說明美國在歷史中的地位。

我了解民主的流弊，也樂於公開和譴責這些流弊。但我同樣透過讀史和旅行而了解到

70　一個以對抗歐洲移民的「邪惡」影響為宗旨的政治組織，投票時只支持出生於美國的清教徒，主張「美國是美國人的美國」。

其他政體的流弊。路易十四的袍子固然華麗、他的凡爾賽宮固然金碧輝煌，但在這一切的後面，我卻看見悲慘農民的身影——布呂耶爾（La Bruyère）對他們的生活有著知名的描述。我一點都不想用我們的華盛頓交換莫斯科，或用我們的洛杉磯交換北京。我相信，比起貴族政體或君主政體，我們的民主政體有多得多的機會，讓人的能力臻於成熟和發揮影響力。我感激美國讓我享有心靈自由，我不認為在別的地方可以找到一條同樣寬廣的道路。

我曉得我們劣績斑斑：愛發動侵略戰爭、秉持幼稚的沙文主義、政治腐敗、商業欺騙、種族不平等、道德傾頹、藝術頹廢。我也不相信人性會改變至移除生物劣根性的程度。這些考量都佐證了我們之中的悲觀主義悲觀得有理和有用。但我既看到事情最壞一面也看到最好一面，所以不打算為我的國家道歉。若是諸位美國開國元勳死而復生，一定會驚異於貧窮、勞苦、文盲和政府蠻橫竟可減低到目前的程度。在美國，摩爾（Thomas More）[71]、巴特勒（Samuel Butler）、貝拉米（Edward Bellamy）和威爾斯（H. G. Wells）〔115〕筆下的烏托邦已落實了一大部分，而普及教育、普選、言論自由、出版自由、集會自由和宗教自由這些十八世紀啟蒙思想家的盼望與夢想亦已成真。

讓我們繼續抱怨、要求和叛逆吧——這也是美國美德的一部分。至於我本人（一如無數的美國人，我自視為一個幸運兒），如果我竟對置我於這片自由美地的命運不知感激，那就真是個忘恩負義的渾球。

71　十四、十五世紀英格蘭政治家、作家暨社會哲學家，以《烏托邦》一書勾畫出其心目中理想社會的樣子。

第十八章

論資本主義與共產主義

為什麼人年紀愈大便會愈保守？是因為我們已經建立社會地位、收入大大增加和存下〔116〕了一大筆錢，以致經濟系統若是發生重大變故將會損失慘重？我相信這是主要原因。但我們應該承認還有一個次要原因（保守主義者主張這是基本原因）：對人性和人類行為限度愈來愈深入的理解，讓我們愈來愈不信任理想主義。還有理由假定其中有一項生理性原因：隨著年紀遞增，我們的精氣神會遞減。

我自己從熱情激進主義者轉變為審慎自由主義者的過程也許可以闡明上述的轉換，並容許讀者不完全相信我的結論。我在別處已經說過這則故事，這裡只會述其大要。雖然自小生長在一個力挺共和黨的天主教家庭，但才一年時間（大約是一九〇五年我十九歲那一年），我便被不可知論（agnosticism）[72]和社會主義吸引過去。我會在一九〇九年進入一所天主教神學院就讀，是基於以下的幻想：當上神職人員之後，我也許可以影響教會，使〔117〕之轉而支持社會主義觀念。一九一一年，我從神學院輟學，成了費雷爾現代中學（Ferrer Modern School）的唯一老師和主要學生。這中學以一位西班牙殉道者命名（他生前致力於反對教會對教育的控制），由一群無政府主義者和社會主義者管理，為首的是艾瑪．戈登（Emma Goldman）、伯克曼（Alexander Berkman）、凱利（Harry Kelly）和阿伯特（Leonard Abbott）。艾瑪．戈登是教條主義和獨裁主義的自由使徒（apostle of liberty）。伯克曼是真誠和可愛的工會主義者，二十二歲那年（一八九二）曾企圖行刺卡內基鋼鐵公司老闆弗里克（Henry Clay Frick），一九一九年被驅逐出境，去了俄國，但又因發現俄國的現實與自己的理念背道而馳而離開，定居法國，自此深感幻滅和鬱鬱不樂，一九三六年自殺身亡。凱利是不知疲倦的獻身者，曾經反對讓我一篇文章刊登在《大地母親》（*Mother Earth*）雜誌，理由是我走社會主義路線而非無政府主義路線。我這才明白，無政府主義者也可以是排斥異己者。阿伯特是高文化素養的「哲學性無政府主義者」，信仰自由與反叛，但這信仰復又受到他的開放心靈和慷慨精神調節：我們都把他喊作「激進運動裡的天使」。他是我認識的人裡，心靈最優美的其中一人。

我在一九〇五至一九一六年一直是個社會主義者，直到為威爾遜總統競選連任出力才背叛了同仁。社會主義日報《紐約呼聲》（*New York Call*）用嚴厲社論為我的背教烙印，題為〈我們知道這種貨色〉。我加入了平蕭（Amos Pinchot）的「威爾遜志工團」，在紐約州到處助選。當時已是知名政治哲學家的李普曼（Walter Lippmann）負責在演講廳或劇院舉行的大型集會演講，我負責在街上向小群聽眾演講。威爾遜最後沒有贏得選戰。

我的社會主義感情活過了選舉，並被一九一七年的俄國共產革命重新點燃。當時我認〔118〕
為這革命是全人類的祝福，直至一九三一年和愛麗兒去了西伯利亞和俄國的歐洲部分一趟才如夢初醒。沿途看到的不是烏托邦，而是混亂、嚴格管制、野蠻和飢餓。我們為之幻滅，從此再也不完全是原來的我們。我匆匆為一些雜誌寫了些文章，後來結集為一部小書，題為《俄國的悲劇》（*The Tragedy of Russia*）。它讓我在紐約的激進分子圈子和文學人圈子失去了許多朋友。

我在一九三二年對俄國的評斷當然是愚見。雖然我一直浸沉於歷史，但那一次卻未能用歷史眼光看待俄國的可怕光景。我忘了俄國曾歷經幾百年的嚴重剝削和貧窮，忘了它才

---

72 一種主張人不可能知道上帝存在或不存在的立場，有別於無神論，但對宗教仍然是抱持疏遠態度。

剛發起過一場戰爭又吃了敗仗，秩序和經濟均處於分崩離析。我忘了這個新國家必須用僅餘的人力物力在十幾個前沿對抗敵人和前盟友（包括德國和日本），忘了十五年時間並不足以讓一個國家撥亂反正，把痛苦與貧窮轉化為富足與知足。以一九一七年經濟大混亂、文盲遍地、地方和中央政府皆瓦解的情況，想要在俄國推行可存活的民主體制是不可能的。從一九一七至一九三二年，俄國都是一個戰爭中的國家，一再受到包圍和圍困，一直面臨被征服和解體的威脅。換成任何國家處於同樣處境，都一定會把秩序、安全與和平放在第一優先，而把民主看成奢侈品，束之高閣。不想陷入災難，唯一方法是建立獨裁政權。那時候的共產主義是一種戰時經濟（說不定我們到了下一次世界大戰時也會是依樣畫葫蘆），而它的持續大概也是依賴於戰爭的威脅和對戰爭的恐懼。

與此同時，這個一度冷酷無情的獨裁政權卻用它的各種成就把世人嚇一大跳。才五十年時間，它就讓俄國成為世界最強大的國家之一。儘管有種種不利因素（旱災、饑荒、整肅、集中營和一千個錯誤的經濟或政治決策），俄國政府還是能夠把人民帶進一個沙皇時代未聞的繁榮程度（要不是被迫把大量資源和人力投入於整軍經武，它的繁榮說不定會不亞於西歐）。另外，雖然俄國在一九四一年受到當時最訓練有素和配備最精良武器的軍隊攻擊，而其防衛者也被迫在歐洲俄國至史達林格勒之間的廣大地域疲於奔命，但俄國軍民

〔119〕

表現出威風凜凜的勇氣和堅毅，最終把敵人驅逐出俄國和驅返柏林，在柏林一役終結了二次世界大戰。固然是美國的物資讓俄國的傳奇性復甦成為可能，但讓它成為現實的卻是俄國人自己的血肉。

正是為了迎接共產主義的挑戰和終結經濟大蕭條，羅斯福總統（毫無疑問是二十世紀最傑出的政治家）才會把美國改造為福利國家。杜魯門總統蕭規曹循，延續此一和平革命。詹森總統把它的範圍進一步擴大，讓美國成為涵蓋度僅次於大不列顛的福利國家。這三個民主黨政府都不是在搞社會主義，它們卻成功地對資本主義和社會主義做出一個黑格爾式的綜合觀點（Hegelian synthesis），足以讓湯馬斯（Norman Thomas）之類的終身社會主義者可以死得瞑目。

福利國家的三位建築師明白資本主義的優點，他們看出，美國自一七八九年起便採行的自由放任政策因為符合人類的貪得和競爭本能，一直對新發明、企業、生產力和商業起著有益的刺激。但他們也看出，任令自由不受約束的話，天生的經濟能力不平等將導致財〔120〕富的極端集中，導致大部分財富再投資於加速生產力，由此又導致週期性的經濟蕭條，危及經濟系統的生存。試問，如果人民的購買力趕不上由新發明、機械化和能幹管理帶來的倍增生產力，再高的生產力又有何用？

在三位民主黨總統的調教下，愈來愈多資本家明白到，透過接受工會、提高工人薪資和把部分利潤分給政府，不只可以讓他們節省，甚至有可能讓他們獲得更多利潤。稅率的提高讓聯邦和地方政府可以把更多的錢用於救濟、年金、社會服務、教育、醫療補助和公共工程。隨著部分的集中財富被重新分配，人民的購買力慢慢趨近於他們愈來愈大的生產力。這樣，在直至下一次財富嚴重集中而有需要重新分配前，經濟系統將可有效運作和散播富裕。

每一年，政府都會取走和散播更多的財富，把更多的經濟部分納入管理或控制。這種做法可以把社會主義嫁接到資本主義而不致摧毀資本主義。企業、競爭和追求利潤仍然享有自由，有錢人還是可以賺到大錢。有些新財富會被揮霍在奢侈品、狂歡和炫耀——例如一場花費五萬美元的亮相舞會[73]。有些新財富（為了避稅）會用於成立「基金會」，為教育、科學、醫學與宗教提供贊助，但更大部分的新財富還是落入政府口袋。福利服務的擴〔121〕大（加上生產的自動化和分配的合理化）把貧窮減低到一個前所未有的程度。目前，共產主義（加上獨裁政權的）和資本主義（加上福利國家的）的競爭正處於白熱化，各想贏得世人的更大支持。

我自己的選擇不是沒偏袒的。我生於美國，我的根和我的朋友都在這裡，要不是生活在一個民主政體，我不可能享受到教育自由、旅行自由和寫作發表的自由。目前，這些自由有一些受到了限縮，比方如果我硬要造訪共產中國的話，我的護照將會被沒收。但尚餘的自由還有很多，例如我被容許罷工和加入糾察隊[74]，也被容許批評政府。

通常，國內自由的程度都會與外部威脅的程度成反比。美國人所享有的自由之所以有所縮減，是因為飛機與飛彈的發明皆使得兩大洋不再能完全保護我們免受外敵的攻擊。隨著傳播工具和運輸方法的發達，很多隔阻被打破，各大國難免戰戰兢兢，自由因此受到侵蝕，強制性秩序因此有了存在的空間。在下一場世界大戰，所有參戰國的政府都一定會帶有獨裁政權色彩，而所有經濟也一定會帶有社會主義色彩。

上述兩種競爭的體制各有弊病，而它們的彼此競爭可以降低這些弊病。資本主義之弊在於會週期性經歷生產力與消費力的失衡；在於廣告、標示和買賣的不老實；在於大企業千方百計掃除競爭；在於勞工（甚至包括技術勞工）不斷被機器取代而陷入失業；在於財〔122〕富的不正常膨脹會在城市的貧民區孕育仇恨。共產主義之弊在於讓政府來預測消費大眾需

73 豪門世家把剛成年的千金正式介紹給社交界認識而辦的舞會。
74 指罷工時工會自組的糾察隊。

要或需求些什麼，而不是讓他們自己決定生產和供應些什麼；在於限制競爭；在於無法為創新提供足夠誘因；在於不願鼓勵個人和企業的牟利動機。

會不會，對人身、政治、經濟、宗教和思想自由的要求在共產主義國家會愈來愈堅持，而相同一批自由卻會在西方國家（隨著私人財產愈來愈把它的財富和獨立交予政府）沒落？一如拿破崙戰爭曾加速西歐工業和資本主義的發展（南北戰爭在美國有類似影響），兩次世界大戰也加速了個人資本主義向國家資本主義的轉換。有上百個徵兆顯示，不管是基於人性、基於衝突的危險性，還是基於彼此交流與貿易的增加，相互競爭的共產主義和資本主義的面貌最終都會邁向基本相似（不過，敵對的政府會繼續強調彼此的差異，以助長有利於戰爭的仇恨）。

在很多基本方面，共產主義系統與資本主義系統業已彼此相似。兩者均把國內經濟附屬於現實或潛在的戰爭需要。兩者均致力於取得世界霸權，不同點只在於前者以「解放戰爭」的旗號美化自己，後者則聲稱這個危險混亂的世界必須靠一位世界警察維持秩序。若我們把資本主義界定為一個由資本經理人控制的系統，則雙方均可稱之為一種資本主義形式：在美國，工人生產成果的一部分會被私人經理人保留，以提供私人資本給私人企業。〔123〕在共產主義國家，工人生產成果的一部分會被公共經理人保留，以提供公共資本給公共企業（這裡的所謂「公共」不外指共產黨）。美國工人因為被容許組織公會、發起罷工爭取更高工資、激烈批評雇主及和平推翻一個掌權的政黨，所以顯然在決定把多少比例生產成果讓出一事上，比他們的共產主義同儕有更大發言權。不管在共產主義系統還是資本主義系統，負責管理人的人都是管理只負責管理物的人。

以人性目前的構造來看，它偏好的是相對自由的商業系統。每一個經濟體制想要成功，必須能吸引人的貪得本能：對食物、財貨和權力的欲望。它們在資本主義下得到的縱容是歷史任何時代不曾有過的。利潤掛帥的心態在一般人也許不是鋪天蓋地，但在那些經濟能力高於一般的人身上卻非常強烈，而正是這些人遲早會主導一個國家的經濟和法律。這讓我們明白，何以共產主義會對貪得本能愈來愈讓步。貪得本能的驅策力只略小於性本能與遊戲本能，而它在美國和西歐享有的自由顯然遠大於在共產國家（後者設法堅守一套以過去農業時代為基礎的清教徒式規範）。人的第三大本能是戰鬥和競爭的本能，而它在資本主義底下也是可以肆意釋放的。這種本能無疑一直有助於產品品質的提高：試問，若福特汽車和通用汽車不老是處於競爭狀態，它們的產品能有今日的高水準嗎？雖然美國廠商有時會不法地聯合哄抬價格，但每種美國貨的生產方法、品質和價格無不是要經過競爭的考驗。我不太相信共產國家的生產過程會允許個人之間和群體之間充分競爭，對消費者

〔124〕

帶來類似的嘉惠。俄國固然成長迅速，但它在一九六〇年代之前的飛速發展有一大部分是靠模仿外國的新發明和製造過程（它們本身便是自由企業和競爭的產物），是靠輸入外國的機器和技術人員。

人的集聚本能（instinct of aggregation）有利於共產主義制度：大部分人都安於（很多人更是樂於）追隨一個領袖或加入一群群眾。我們美國這裡也有群眾，但它們是供孤單個人躲藏之處，不是由集體行動、集體自豪感和集體理想驅動的合作群體。不過，保留隱私的欲望、自由遷移的欲望和離經叛道的欲望在西歐和美國卻比在俄國（任何時候的俄國）都有更大的揮灑空間——在那裡，每個人看來都是被一張監視、服從和控制的網困住。總的而言，美國人（無棲身之地的少數族群和失去舞台的政客除外）看來要比他們的共產主義同儕快樂，笑得更多，更勇於冒險，也更無所顧忌地犯罪。

第十九章
論藝術

我後悔在本書一開始做出承諾，說我將會觸及我們時代的每個重大議題。我原是想要趕在入土為安以前談談我對每個問題的看法。但我忘了，在好些基本問題上，我能有的意見都是發自深不見底的無知與偏見。〔125〕

首先，我對藝術是個大外行。我從未創作過藝術品，自幼稚園之後便未畫過一幅畫，沒塑過一尊像（哪怕是用塑土或蠟），蓋過的東西也不超過一間室外廁所的程度。我對一八八五年之後的藝術創作技法或技術面向亦一無所知。過去五十年來，我都是專注於研究古代藝術的形式。我傾向於（自覺或不自覺地）理想化這些形式，又不信任漠視它們或拒絕以它們為師的藝術家。你可以說我對藝術本身有多少偏見。我在我們的「文化大爆炸」

裡看出某種浮淺和虛偽成分：人人競相參加無調性音樂演奏會，不在乎其無趣，但求被別人看見。美術館把一些亂塗鴉當成繪畫展出，或是把用舊的五金器皿當成雕塑展出。我不同意某些衣著華麗的唯美主義者所說的，凡未聽過畢卡索名字者都是未開化的庸人。〔126〕

是什麼樣的需要與衝動會讓一個人花經年時間準備，再花幾個月的辛勞去創作一件藝術作品？有理由假定，他是想要表達自我，表達某種觀念和情緒；或是因為他渴望突出與榮耀；或是因為他比我們大多數人有更敏銳的美感；或是因為他立志要用一個更清晰和更持久的方式把部分美（partial beauty）和轉瞬即逝的形式其隱藏意義結合起來。通常，他看見的會比我們多，看得更強烈或更細緻入微。他渴望除去一些細節，突出本質部分，以便更能打動我們的眼睛和靈魂。為了做到這個，他也許會蓄意犧牲美，改為——像葛雷柯（El Greco）或莫迪里亞尼（Modigliani）那樣——在一幅牆或畫布上畫滿扭曲的形體，或是像布勒哲爾（Brueghels）那樣畫些身體浮腫的農民，或是像波希（Hieronymus Bosch）那樣畫些混亂恐怖的場面。

哲學家在定義美的時候比描述上帝時還要猶豫。亞里斯多德認為美的基本元素繫於對稱、比例和部分與整體的有機組合。這個看法，就像戲劇中的「三一律」（Aristotelian unities）一樣，構成了文學和藝術中的古典主義理想，卻逼得浪漫主義者起而反抗和恥笑。對他們而言，踰矩（excess）才是成功的祕訣，藝術的泉源與信息是激情而非理性。很多日本藝術家都厭膩了對稱、比例和秩序，在打破常規中找到美和滿足。

美感中的諸多主觀因素讓我們不可能歸納出一個美的客觀定義，只能以最寬鬆的生物學語彙言之。霍屯督人（Hottentot）[75]也許會覺得大屁股女人美，但同一個女人在飢腸轆轆的土耳其人眼中也許只是美食（《憨第德》裡那些困守圍城的土耳其人便是如此）。然而，有一條法則卻幾乎放諸四海皆準：大部分高等動物和所有人類都會覺得異性美麗。對一個正常男人而言，基本美是女性的體態、五官和浮凸。我們會覺得圓形比正方形更漂亮，大概是因為女性是曲線的綜合體（因此立體主義是一種病）。沒有一種音樂比「溫聲軟語」（莎士比亞稱之為「女性的最佳優點」）會更讓健康的男性覺得悅耳，也沒有一隊管絃樂團可以匹敵處於巔峰狀態的首席女歌手。

從這個美感的生物學源頭會衍生出一些第二級源頭，任何藝術品（不管是衣服、裝飾品、塑像、繪畫或音樂）物體只要具有順滑的表面、優雅的比例、鮮豔的顏色、芬芳的氣味或悅耳的聲音（換言之是會讓我們自覺或不自覺地聯想起女性者），我們都會覺得其為 〔127〕

75　霍屯督人是歐洲白人對非洲黑人的藐稱。

美。最終，我們的美感又會（特別是在求偶或交配的季節）溢流至美的第三級源頭，即溢流至大自然中較舒緩的部分，如平靜的風景、圓鼓鼓的山丘和潺潺的溪水。相對的，雄渾感（sense of sublimity）也許是產生自女性對男性剛健強壯的仰慕，進而把這種仰慕投射到巨大的建築、高聳的山脈和洶湧的大海。

對像我這麼一個心儀古典主義的浪漫主義的心靈（即一個易被激情攪動又看重節制和崇拜「形式」的心靈）而言，當代藝術最讓人沮喪的特徵是它極力排斥美。它致力於表達一種情緒或態度，而不是創造賞心悅目或啟人神思的形體。就像「摩登」或「進步」的女性看似決心移除她們衣服上一切美的成分，自塞尚（Cezanne）起的大多數藝術家都對美〔128〕嗤之以鼻，而自德布西（Debussy）起的大多數音樂家，都寧可被人逮到他們上妓院，而不願被人逮到他們作品裡有蓄意的和諧音或優美旋律。

也許是工業革命讓我們習慣於正方形、稜角和直線，習慣於巨大的機械化物體和刺眼閃光。也許是民主制度讓所有人的美感齊頭化，變得仰慕力量而對美麻木。對文明的盧梭式和個人主義式反抗因為否定理性和控制，墮入了對野蠻形式的崇拜，把「新」（the new）偶像化的做法已淪為一種對怪異（the bizarre）的膜拜。伊凡·卡拉馬助夫（Ivan Karamazov）[76]說過，「如果上帝不存在，人大可以為所欲為。」同樣的，如果規則、標準和典範不復存在，那任何東西（不管有多麼怪裡怪氣）都可以是藝術。畫家將不需要學習素描，因為光是奇形怪狀的色塊，便足以吸引尋常眼睛並誘得百萬富翁打開荷包。在藝術的領域一如在道德的領域，勝出的都是布爾什維克。

我必須對這個革命做出若干讓步。我承認，實驗和改變對藝術發展來說攸關重要。我了解新藝術何以不願意再畫風景、漂亮的臉和有錢的頭。我了解年輕藝術家何以聽煩了米開朗基羅、拉斐爾、提香（Titian）、菲迪亞斯（Phidias）、普拉克西特利斯（Praxiteles）和唐那太羅（Donatello）的名字，或他們何以受夠了諸神、教皇、聖徒、將軍、政治家或盪鞦韆的美少婦這些題材。

但這些革命分子把他們反對傳統和模仿的革命帶進一場為創新而創新的暴動。就像許多觀光客那樣，他們把「新」誤當成「美」，他們把所有形式化約為立方體，把所有油畫〔129〕化約為一些點（points），把所有現實化約為「超現實」夢境，或把所有雕塑化約為平凡五金器皿的拼貼或笨重的金屬或石頭堆砌。最受歡迎的畫家把顏料花在毫無形式的抽象，沒有一點邏輯或主題，沒有要傳達的意義。看到這種現象，一個在歐亞著名藝術品裡體驗

76 杜斯妥也夫斯基小說《卡拉馬助夫兄弟們》裡的角色。

過秩序和意義的心靈能不感到蕭瑟？

抽象藝術一樣可以是高貴的。藝術的存在不只是為了表達情緒或觀念，還是為了傳輸情緒或觀念，否則，一個叫賣報紙的報童一樣可以被視為藝術家。不管是伊斯蘭禱告毯或「米哈拉布」（mihrab）[77]都有抽象藝術之美，但它們都是有主線或基調的，整個設計會隨這主線或基調而展開。另外，它們也是有目的性的，那怕只是供人墊膝蓋或指出麥加的方向。中國的抽象藝術有時也包含很多美，但它們總是具有一個形式結構和裝飾價值。任何不受形式規範的藝術都只表現出一個無律己性心靈的空洞虛榮心。

我曾被康汀斯基（Kandinsky）以下的主張吸引住一段時間：抽象畫家也許可以像作曲家調動音符那樣擺佈色塊。有些例子看來已經把這希望實現，但總的而言，西方抽象畫缺乏純粹音樂或抽象音樂大師們所表現的秩序感。很多古典樂曲（像巴哈的賦格曲、韓德爾的大協奏曲和莫札特的奏鳴曲）都是不包含意義，不說故事也不提供觀念。然而它們卻會傳輸感情（那怕傳輸的只是歡樂與哀愁、沉思或虔敬、心理衝突或心靈平靜）。一首賦格曲可以沒有意義，卻必然會有形式、邏輯基礎、結構和發展。就像美的本質一樣，藝術〔130〕的本質不在內容或元素，而在結構與形式。

對很多「現代」藝術（指羅丹和塞尚之後的藝術），我都是以「提升生命」做為衡量標準。羅丹並不是最後一位雕塑大師：我在梅什托維契（Ivan Meštrovićá）的作品裡找到榮美，在愛潑斯坦的（Jacob Epstein）的作品裡感到力量　但卻對摩爾（Henry Moore）的扭曲線條大搖其頭。我可以了解塞尚那些扭曲筆觸的實驗價值，而透過一些努力，我也可以適應他的斜面、螺旋體、圓柱體、錐體和立方體。我知道當畢卡索不是身為一個騙人的收集家時，有能力隨意把藝術千變萬化。在我們時代的畫家中，我最崇敬里韋拉（Rivera）、奧羅茲科（Orozco）和西凱羅斯（Siqueiros）這三位墨西哥壁畫畫家（他們用強有力的大量色塊和表現形式宣示自己的意識形態）。但當我望向莫迪里亞尼那些面目可憎的人物畫像，嗅到的是衰朽氣息。我還病得不夠，無法喜歡病態藝術。

我喜歡這個時代的建築，但那些薄如蟬翼或像踩高蹺的房子除外。此外還有那些外型古怪的教堂，它們引起的更多是困惑而非敬畏（它們的水平發展傾向大概道出了已不再指望可以在天上找到上帝）。我欽敬我們的摩天大樓，我不只把它們視為瑪門（Mammon）[78]的紀念碑，還視之為科學向藝術的蛻變，是人類有信心用他們的數學來克服地心吸力和

---

77 意譯為「祭壇」或「壁龕」，指位於清真寺正殿縱深處正中間的小拱門或小閣，作用是指出麥加的方向。

78 基督教用語，指金錢。

打敗一切不穩定和解體的表現。在有文化素養的朋友面前，我會笑說帝國大廈雖然足以與沙特爾大教堂（Chartres Cathedral）比肩，但仍然無法企及我心中的最愛：巴黎聖母院。

當蘇利文（Louis Sullivan）[79]宣稱「形式必須由功能決定」（form must follow function）時，他就是發起了自文藝復興以來第一場有創意的建築革命。然而，這種勇敢 〔131〕的新風格有可能因為太濫用自己的座右銘，而把自己弄得過時。其弊病在於把一切化約為直線和長方形，把自己的廟宇弄成鋼鐵、石頭和玻璃造的箱子，把人囚禁在靜態的立方體（一些可出租的時間空間）裡。有理由相信，過不多久，一個反動將會帶來曲線和適度裝飾的某種程度復興，從而把美的陰性原理與力的陽性原理統一起來。

與此同時，新的藝術正在誕生。為什麼我們不敢承認，帥氣的汽車比當代大部分雕塑更賞心悅目？百貨公司裡看到各種可愛的小東西（布料的、金屬的、玻璃的、木製的）總是讓我又驚又喜，這種把實用性和美共冶一爐的做法，難道我們應該引以為恥嗎？讓我們把那為我們幾乎所有日用品添光加彩的商業設計列為藝術吧。這樣，一些老朽和生病的技巧就會被新的技巧取代，而某些當代藝術表現的病態，也許只是活力已衰竭的藝術形式的自然流露。Panta rhei（萬物皆流）[80]：一切都是不停變動的——大概只有我們的偏見和品味除外。

沒有科學的藝術是貧乏的，沒有藝術的科學是野蠻的。讓每門科學都朝向在美或智慧中圓滿自己而努力吧，也讓我們在一門科學蛻變為藝術時歡欣喝彩吧。

79 美國建築師，有人稱其為「摩天大樓之父」和「現代主義之父」。

80 這是古希臘哲學家赫拉克利特的名言，指一切都會不停變化。

第二十章
論科學

科學的進步早已超出我的理解能力，而我必須以謙卑的態度聽取科學家的宣示——〔132〕一如我年輕時曾用同樣態度聽取神父修女之言。我留給孫子輩去把分子拆解為原子，把原子拆解為電子，把電子拆解為天使（未在針尖上跳過舞的）一樣神祕的力量。

確實，一個地位高於我們的新祭司團正在形成。它授權成員用一種超過他們崇拜者所能理解的語言說話。他們以濃香的讚美謳歌彼此，又以競勝和嫉妒心態互相審視。他們向我們展示一顆破開的原子時，就像是展示一塊祝聖過的聖餅[81]。我們信賴他們，是因為唯

81 基督教聖餐禮中的小餅，被認為代表基督的身體。

有他們可以直通上帝，即直通「質量乘以光速平方」[82]。他們不同於祭司之處，在於他們容許先驅人物中存在異端，然後才找出一位不可能犯錯的領袖，再成立教會。目前，他們對政治家來說已是少不了且大有用處，地位有如曾一度圍繞、膏立和剝削國王的祭司和主教。

我推崇他們，因為他們認定只有可以反覆透過經驗驗證者方為真理。我向他們致敬，〔133〕因為他們製造的奇蹟比曾經支持過宗教信仰的大部分神蹟還要神奇。我們知道，眾使徒（apostles）均擁有「說方言的恩賜」[83]，但他們若是死而復生，必定會對聯合國大會上能看到的情景大吃一驚：每個發言者每說一句話，都會馬上以一百種語言被一百個人聽見。[84]同樣讓他們難以置信的是，一個人在華盛頓說話，片刻之後便可以為半個世界聽見。他們也一定會拒絕相信，人造機器可以為我們傳來月球表面的照片，或是肯塔基州舉行的賽馬會被加州和緬因州的居民即時看見，而且同樣清晰和色彩鮮豔。我們確乎是活在另一個奇蹟時代，見證著一種讓人吃驚的人類新品種。

但讓我失去宗教信仰的同一種懷疑主義也引起我對科學的膽怯狐疑。我不信任那些計算出恆星距離的天文學家，不信任那些計算出地球和地層年紀的地質學家。物理學家展示的原子內部光景讓我有一點點懷疑——就像帕斯卡（Pascal）[85]，我感到自己受到難以捉摸的無限小和不可思議的無限大的擠壓。我讚譽達爾文是歐洲現代史上最了不起和最溫和的革命家，但仍要指出生物學家迄今未能解釋一小顆種籽何以能包含一整棵樹，何以能規定樹幹上的每根樹枝、樹枝上的每片樹葉和樹葉上的每條葉脈。我相信生物學一直把機械論的觀念太過濫用，未能給予生命體本具的主導意志充分肯定。

我哀嘆獻身於屠殺藝術的科學天才何其多，投身於追求和平者何其少。但我明白科學〔134〕家不是生來統治別人的，他們的長才是處理觀念和事實，不是處理人類事務。與此同時，我呼吸的空氣、喝的水和吃的食物均受到了科學產品的汙染，汙染源包括工廠和汽車排出的廢氣、倒入河川海洋的工業廢棄物、用來種植和加工食物或掩飾它們不新鮮的危險化學品。飛機愈來愈大的噪音把我的耳朵震得快聾，每一架都威脅著要掉到我頭上。有時我會像卡萊爾（Carlyle）一世紀前那樣納悶，換成以下的情況會不會讓我們快樂些：生活在中世紀的農村，對年深日久的貧窮習以為常，不受村子以外的事情打擾，又完全信任上帝的

82 $E=MC^2$（能量＝質量乘以光速平方）是愛因斯坦在狹義相對論提出的著名公式。

83 在基督教，「方言」是指一種靈啟的神祕語言，當事人說得流利，但別人會不知所云。

84 指發言會被馬上翻譯為各國語言，供操不同語言的各國代表理解。

85 十七世紀法國神學家、哲學家、數學家、科學家。

智慧與公義。

我會胡思亂想，為這些弊病調製成藥。從很多年前開始，我便巴望著電力汽車問世，巴望所有加油站會被快速充電站取代。只可惜，我們的化學家過去三十年來儘管變出許多奇蹟，卻未能實質改善汽車電池的效能。所以，我現在改做以下的夢：所有大馬路和高速公路路面以下六英寸處都鋪有電纜，讓汽車可以每隔一段距離便憑一個收放式觸輪取得電力，其他時候則依賴自己的電池行駛。總之，我夢想一個盡是用核能產電的乾淨城市。

在我憧憬的烏托邦裡，每個家庭（包括哲學家家庭在內）的一半勞動時間會是花在種植基本所需的蔬菜（種在房子四周或附近的菜園）。但基於人的貪得本性，還有國與國的競爭心態，這個夢想非常不可能實現。所以，我會轉而要求我們的教育家給予我們和我們子孫有關營養學的充分指引，教導我們有關我們身體的知識，和怎樣才能把健康照顧好。我會要求我們的醫生花費和治療疾病同樣多的時間去預防疾病，而且在治療疾病一事上少仰賴些藥物，多仰賴些飲食療法和生理療法。哪怕我了解醫生不情願當國家的僱員，但樂見美國就像英國那樣，建立涵蓋所有年齡層和費率合理的健保制度。

從一九二一年起，我對精神分析種種荒謬的抨擊便不曾停過。讀罷佛洛伊德對夢的解析之後，我馬上哈哈大笑。我自己也做過綺夢，但它們從來不會以切蛋糕掩飾自己。佛洛

〔135〕

伊德用象徵來解釋夢的做法，在我看來只是一種生病的想像力的古怪特技表演，完全不能使人信服。我認為他誇大了性在精神官能症中的作用，又低估了經濟煩惱的作用。我也懷疑「自由聯想」可作為一種診斷工具。我不記得我曾恨過自己父親或對自己母親有過性慾望，我不相信每一百宗精神障礙病例會有多於一宗可以用「伊底帕斯情結」（Oedipus complex）解釋。精神治療幫助過許多病患，但幾乎都不是以佛洛伊德的精神分析學為基礎。佛洛伊德的理論和程序會被捧上天，乃是美國性革命的一個偶然後果。

每個解決問題的辦法都會帶來新的問題。科學進步一直以新的恩澤帶來新的邪惡，而它最近期的勝利則給了軟弱心靈摧毀西方文明的力量。我們的好鬥心態週期性地使我們逼近全面戰爭（total war）邊緣。這樣的大災難萬一成真，科學也許就會終結，生還者將會逃離化為廢墟和被毒化的城市，到鄉村地區尋找或種植食物。大都市的時代將會結束，而〔136〕（就像頹廢的羅馬帝國被蠻族衝垮之後那樣）鄉居的「黑暗時代」將會來臨。屆時，因為有大量絕望心靈恐需慰藉，宗教會獲得復興，而曾賦予人類過大力量的科學會受到唾罵。

我們需要更多知識，也必須在教育和政府兩方面都賦予科學一個吃重位置，因為來自國際的挑戰逼使我們不得不緊追科技進步的步伐。但我們需要的不只是更多知識，還是智慧和品格，能有遠見和謹慎地使用我們的知識。何謂**品格**？那是諸種欲望的和諧有序，以及欲望與能力的協調一致。何謂**智慧**?它是把經驗應用在當前的難題,是站在整體的角色觀照部分,是用包含過去和未來的大視野看待此刻。

我並不消沉。人固然犯過百萬個錯誤,但也幹出過了不起和高貴的事業。他曾帶給我們耶穌之言和史賓諾莎的《倫理學》;建造過帕德嫩神殿和巴黎聖母院;裝飾過西斯汀教堂;寫出過《伊利亞德》、《特洛伊女人》、《神聖喜劇》、《哈姆雷特》和《費德爾》(*Phèdre*)[86];譜出過《彌賽亞》[87]和奧菲斯(Orpheus)悼尤麗狄絲(Eurydice)的哀歌。有時,他(阿育王和奧古斯是佼佼者)也有膽量叫戰爭之狗滾開。

現在,有誰會乘時而起,用智慧去駕馭知識,用良知去駕馭科學、用人道目標去駕馭我們的力量,用一個和平的聯合體去駕馭善妒的國家主權?有誰能終止仇恨,為我們四分五裂、有殺人癖和自殺癖的世界建立一個**基督治世**(*Pax Christianna*)[88]?

86 十七世紀法國劇作家拉辛的作品。
87 巴洛克時期著名音樂家韓德爾創作的大型神劇。
88 這個詞是仿 Pax Romana(羅馬治世)而造。「羅馬治世」指羅馬帝國(始自奧古斯都)頭兩百年相對和平的階段。

第二十一章
論教育

〔137〕史賓塞（Hebert Spencer）在一部論教育的好鬥小書中用一個疑問挑戰當時的教育制度：「什麼樣的知識最有價值？」他強烈不滿十八世紀的英國年輕人被迫浪費時間去學習已死的語言[89]、古老的文化和腳步疲憊的繆思（muses）。他指稱，這樣一種教育只會讓人以貴族自居，無聊透頂，開口閉口引用古人言。有著工程師的訓練背景，生活在工業革命的全盛時期，史賓塞因目睹中產階級在政經兩方面的崛起而欣喜，也聽見了機器正在召喚所有能幹的人。所以，他主張學校的目的是為人做好過現代生活的準備，是合乎實際地

89　指拉丁文和古希臘文。

灌輸學生技術與貿易兩方面的知識。

史賓塞的文字是那麼明白有力，加上有時代精神的加持，以致他的呼籲在他生前便取得可觀勝利。美國因為沒有強大傳統左右，欣然聽取他的建言。德國（靠著法國的賠款，〔138〕它只花了一代人時間便達成工業化）以德國人一貫的嚴謹性格，把史賓塞的教育新理論付諸應用。被迫走出閉關自守和邁向商業與工業的日本，以一股轉皈的狂熱轉向技職教育。在我們眼皮底下，俄國同樣以雙倍熱情在政府政策和教育年輕人兩方面進行工業化。知識即力量。

今日，我們的教育家（他們一度勇敢地把美國教育改革成大大看重科技）開始為自己的徹底勝利感到困惑，站在他們已達成的夢想前面感到哀愁。他們並沒有太後悔自己的努力，也沒有想撤回原定的目標。他們知道一個國家只能在工業化和附庸國之間二擇其一，如此方能應付來自一個不斷工業化的世界的挑戰。這是沒得選擇的，因為國家並不是存在於自由或和平的真空中。不過我們的教育家還是看出來，在經過幾代人的努力之後，美國的教育制度並未能生產出真正有教養的人或紳士，我們學校琳瑯滿目的教具並不足以減少政治貪腐、不當的性行為或暴力犯罪。祖輩身上的一些顯著美德不再見於現今一代（他們有的只是前所未有的小聰明），而對科學的強調也並未能為心靈帶來平靜。這種現象雖然更多是源於經濟變遷而不是教育，但美國的教育家們仍然不免懷疑，我們的學校是否太過著重智力的教育而忽略了其他。「什麼樣的知識最有價值」這問題透露出史賓塞暗地裡持有一個假設：教育就只是**知識**的傳遞？真的是這樣嗎？什麼樣的教育最有價值？

〔139〕

最有價值的教育必須要能向身體和心靈（以及向公民與國家）打開和諧生活的全部可能性。應該讓三種基本善（basic goods）決定教育的內涵和定義其目標：首先是透過健康、品格、睿智和技術去控制人生；其次是透過友誼、大自然、文學與藝術去享受人生；第三是透過歷史、科學、宗教與哲學去了解人生。教育由兩個過程構成，而它們又會在教育中統合為一：在第一個過程中，社會會向成長中的個人傳輸豐富的知識、技術、道德和藝術遺產。在另一個過程中，個人會用他習得的遺產發展自己的能力和美化自己的人生。不同的人會按照吸收到的文化遺產比例，不同程度地從一頭動物轉化為人，從一個野蠻人轉化為公民。如果一個人消化力夠強，他就能從一個笨蛋轉化為一個聖哲。教育是用人類遺產來豐盛個人，可以使生命趨於完善。若任由這個傳輸和消化的重大過程被打斷半世紀，文明就會完蛋，而我們的孫子輩將會比野蠻人還原始。

以上的乏味通則在教育和哲學的講堂裡並非聞所未聞。那麼，更具體地說，我希望下一代得到的是什麼樣的教育呢？首先，這教育應該要能讓人在大自然和大環境畫定的界限內，盡可能地控制自己的生存條件。由於人生的首要是健康（它也是快樂的最強根源），我樂於看見下一代大量獲得如何照顧好身體的教育。身體是靈魂的可見形式和器官，也大〔140〕概是由靈魂創造（以某種拉馬克式的方式[90]歷經千秋萬代的欲望與努力創造出來），所以，渴望身體健康與清潔並沒有什麼好丟臉的：清潔（godliness）的重要性一向被認為僅次於聖潔（godliness），[91]而且當一個人完全健康，就難於流入邪惡。如果由我作主，我會規定從幼稚園到博士班的每個年級每天都要上一小時的健康教育課，學習身體的結構與功能，學習健康的維護與基本的治療方法。我會要求我們的醫生到課堂去講授預防醫學，以減少人們愛上醫院切開身體的時髦趨勢。我會要求我們的牙醫常常到學校教導和觀察學生，讓小孩習慣樣子不漂亮但富含鈣質的飲食，俾使日後用不著為補爛牙而去淘金。當哪一天，我們的營養學家對什麼才是最營養的飲食最終達成共識，我就會要求他們每星期到學校講課一小時（如是者持續十五年），讓學生知道當他們日後要從戶外和動用體能的生活轉入到久坐和動用心靈的生活之後，膳食上應該做出何種改變。總之，我會以教導健康和清潔為最優先，再在這上面加上其他一切。

為學生的身體打造好健全的基礎後，我會進而去形塑他們的品格。我會要求教育委員〔141〕會，為學校挑選老師時，不只以專業能力為依歸，還要考慮到候選人的人格、道德與舉止是否可以為學生帶來好的影響。這不只是挑選老師的標準，還應該盡可能把入選的老師訓練得更加如此。道德和舉止不容易教授，卻可以潛移默化：一個紳士榜樣（一個持續體貼所有人的人）會對成長中的心靈起到磁石作用。我們的辭彙沒有與**紳士**一詞內涵對等的女性字眼：**女士**一詞會讓人聯想到的，多半是珠光寶氣的驕縱公爵夫人，而不是心性單純、善體諒和仁愛的女性（她們總是生過小孩又深愛子女）。如果我被容許依我反動的方式而為，我會讓男女同校，但讓他們分班上課。我會讓有教養的紳士教育男生，讓有教養的媽媽教育女生。我懷疑，今日有教養女性之所以相對思想貧乏，部分是因為當初訓練她們的就是一些被經濟憂慮和愚蠢法律弄得思想貧乏的女性。

由於道德的生物學基礎是家庭，我制定的德育課程將會大肆頌揚家庭生活。我會恢復獨身在古代得到的罵名，強調在適婚年齡結婚是一種道德智慧。子女是一種禮物，也是我們對社會（它讓我們得到文明遺產的潤澤）的回報。我將會不間斷地灌輸學生，孝順乃是道德的基石，一個好兒子通常也會是一個好兄弟、好父親、好鄰居和好公民。我會把家庭

90 法國生物學家拉馬克（1744-1829）認為，生物體受環境轉變影響，習性會發生改變，某些經常使用的器官發達增大，不經常使用的器官逐漸退化（用進廢退），而這種改變會遺傳給下一代。

91 英諺有「清潔的重要性僅次於聖潔」之說。

原理擴大應用在城市和國家，堅持德育課程必須致力於幫助個人在某種程度上把鄰居視為兄弟，某種程度上把其他社會成員視為家人，並按照他們的心智與體力發展程度，教導他們各種互助原理（互助是家庭的根本，也是社會的首要條件與最高目的）。

我會要求每個社群歸納出它們道德理想的扼要公式，用於在課堂上教授。該教授的還有適合都市生活和工業生活的行為守則，以及可刺激個人良知、商業榮譽感與公民自豪感的行為守則。我會要求每個州建立和鼓勵男童軍和女童軍之類的組織，因為此舉可以給成長中的品格帶來活力與健康（這兩種東西不是光靠嘴巴可以灌輸：誠如亞里斯多德說過，道德卓越是一種習慣，不是一種觀念）。我也不會猶豫要在小孩心裡建立一種深深的愛國精神，因為雖然我尊敬並珍視所有國家與民族（它們全都有功於豐富人類的文化遺產），但又深知一個國家的國民若是學不會愛國如愛家，那這個國家將無法抵抗外敵的攻擊。我還會日復一日培養學生鄙夷暴力和尊敬法律之心，但我也會培養他們愛自由和捍衛自由的決心，讓他們知道自由乃是一個人或一個民族的人格根本。我會在晚上開放學校，供任何社群集會。我不只會教導下一代政府的形式和理念，還會讓他們認識它千瘡百孔的現實，好讓他們不會把貪腐視為理所當然和放諸四海皆準，而是會不停努力，直至我們的公共生活變得最乾淨和最可自豪為止。簡言之，我認為教育的目的與其說是培養學者，不如說是把人培養為人。

我們最應該要求老師灌輸給學生的基本技巧大概是自律能力。在我們這個風暴時代，每個個人（就像每個民族那樣）長遠來說只有兩個選項：有效的自我管治或是形同奴役於別人。在律己的藝術上，睿智和品格須兩者兼備，並成為控制人生技術的第三個元素。蘇格拉底主張睿智是唯一真正的美德，而如果我們能把睿智和智力嚴格區分開，就會發現這個見解相當睿智。**智力**是學習或累積知識的能力，睿智則是把經驗（包括他人經驗）應用於釐清和達成自己目標的能力。一個學富五車的人照樣可能是罪犯或蠢才，但一個睿智的人卻難於流為這兩者的任一。

睿智要怎樣訓練？這是個深奧課題，超出我的能力範圍，所以我會把它留給在這方面有著豐富經驗和耐心做過實驗的人來回答。由於研究顯示，我們的大部分學習都是透過試誤（trail and error）得到，所以我們也許可以暫時這樣斷言：睿智幾乎是學校無法教導的，必須透過經驗和行動來獲得。文學的可貴在於它可以讓我們獲得親身經驗以外的經驗，例如，透過閱讀修昔底德（Thucydides）[92]，我們也許可以學到古希臘人的若干經

〔143〕

92 古希臘歷史學家，以《伯羅奔尼撒戰爭史》傳世。

驗；透過閱讀杜斯妥也夫斯基，我們也許可以若干程度進入沙皇時代的俄國生活；透過讀拿破崙的《席間閒談》（*Table Talk*），我們將可一窺歷史上最現實的浪漫主義心靈是如何看世界的。但這一類替代經驗總是模糊而浮面。這首先是因為，只有最偉大的作家才能掌握和開顯生命的本質與意義；其次，讀來的東西比較不容易深入記憶，進而影響行為與品〔144〕格。科學（當它是貨真價實的科學時）比文學更有助於訓練睿智，因為它的過程包括了仔細的記錄、證據的詳審、清楚區分開主觀願望與事實，對架設性結論進行實驗測試，最終得出可以反覆驗證的公式。透過學習數學、物理學和化學，我們也許能學會凡事講證據，以有保留的心態權衡各種證據。如果我們所有人的心靈都能養成這種重證據的習慣，那讀和聽的能力便不會再是通向真理的障礙，而我們這個喧囂的宣傳時代[93]也許亦會壽終正寢。

在學校，訓練睿智的最好方法大概是透過勞動和家政藝術。每個男生都應該學會使用基本木工和修繕水管的工具，能夠做些簡單的家居修理和機件修理。每個女生都應該學會烹飪、家管和照顧小孩。這些簡單的手作勞動可以帶來相當大的樂趣，而且誠如猶太格言所云，擁有一門活計可以讓學者不用為錢出賣結論。

如果一個女生照顧不好家裡、先生和小孩，那懂得一種外語、考古學或三角學也是枉然。丈夫的忠誠要透過胃來滋養，而美味的餡餅要比所有死語言加起來更能支持一夫一妻制。任何女性只懂一種語言便盡足夠：一個好媽媽的價值勝於一千個女博士。〔145〕

健康、品格和睿智有助於我們控制自己和生活，因此構成一種自由人格的基礎。但歌德（Goethe）固然說過人格就是一切（personality is everything），但同一個歌德又提醒我們，限制（limits）就是一切。我們能夠主導我們人生的範圍其實非常有限，我們總是受到我們的生物、經濟和政治環境所限制，除此以外還有大量的偶發事件和無法揣測的命運。所以，教育除了應該教導我們各種控制人生的技術，還應教導我們明白控制的侷限性，以及教導我們安時處順的藝術。凡是無可避免的均是可容忍。

在這些限制之內，我們可享有的可能性是那麼豐富，以致任何人窮一生都不可能把它們窮盡。教育的第二個功能正是訓練我們盡可能活出這些可能性。首先，四周有很多人類圍繞我們。他們很多都討厭得像牛蠅，而我們也將學會愛我們的隱私，把它們看成我們內容的內在要素。但圍繞我們四周的人類中間也有許多是我們潛在的朋友，有些也許還是我們的愛人。所以，我樂於看見下一代認識到人類關係的根本是施與受的平衡，認識到包容

93　指廣告宣傳和政治宣傳在我們的時代氾濫成災。

對保存友誼的重要（朋友之間的旨趣和觀點常常會愈來愈分歧），認識到脆弱的愛之植株（plant of love）需要不斷受到相互孤獨（mutual solitude）[94]的澆灌。我樂於看見下一代學習到愛的起源與發展，讓他們對這種極吃緊的經驗（有時也是帶有摧毀性的經驗）有最起碼的了解。我模糊地期望我們的教育制度能讓學生每星期上一小時人類關係課程（如是者十五年），最後讓他們研究最聰明的男人女人、最感性的科學家和最寬大的哲學家曾就婚姻的課題說過什麼。

除了圍繞我們的其他人之外，我們最大的快樂與痛苦泉源乃是大自然本身。我樂見下〔146〕一代除認識到大自然的美以外，還認識到其恐怖，並接受掙扎、痛苦、危險和死亡原屬自然。但我們仍然希望，他們能夠敏於感應天地間一切可讓靈魂感受到美和雄渾的成分。年輕時我拒絕研究天文學、植物學和鳥類學，認為它們盡是做些分類和命名的工作，著實無聊。我認為自己即便不知道花朵、鳥兒和恆星的性質、彼此的關係和學名，一樣可以享受它們。我現在開始懷疑我是錯的，也懷疑現今一代是錯的（因為他們就像我一樣倔強，拒絕碰這些娘娘腔的科學）。我但願我當初多加理解行星與恆星的分別、麻雀與鷗的分別、菊花與玫瑰的分別。我相信，要是當初能更深入和更個別地了解這些光彩的形體和喊出它們的學名，我對它們的享受就會更多一些（哪怕這種快樂有一半是來自熟悉感）。

我當然樂見下一代對大自然的無窮多樣性感到自如：不只喜愛它的青翠和繁花盛放，還欣賞它的霧茫茫和盛極轉衰。我樂見他們像拜倫一樣愛海洋，像特納（Turner）一樣愛太陽，像惠斯勒（Whistler）一樣愛雨，像濟慈一樣愛夜鶯。我樂於開一門課，教導他們各種有關大自然的知識：從辨識昂宿星團的位置到為庭園種植花草樹木的藝術（我自己的童年從這些事情獲得很大樂趣）。我會讓他們到威薩希根（Wissahickon）探索，讓他們到阿第倫達克山脈（Adirondacks）露營，讓他們在上百條名字優美的溪流划獨木舟——這些溪流的其中之一逗引得英國詩人起意在薩斯奎哈納河（Susquehanna）建立一個烏托邦。[95]我樂見他們喜歡觀看體育賽事，但更樂見他們參與其中。我會給從事游泳、棒球、美式足球，或籃球的學生加分，因為這些耗體力的運動比學習希臘文和拉丁文更能培養睿智。

〔147〕

事實上，我完全不打算用外語來為難下一代。我自己學了七年希臘文和拉丁文，教了這兩種古語四年，生活上斷斷續續使用了其中一種兩年。學它們偶爾會讓我覺得有趣，但

94　應指相互為對方留出空間。

95　英國詩人柯立芝和騷塞在一七九四年曾計畫於薩斯奎哈納河岸邊建立一平等主義社群。

大多數時候都是味如嚼蠟，痛苦不堪。對於我享受或理解古典世界的匠心，它們的幫助極為有限。如今，如果想重溫荷馬、歐里庇得斯、維吉爾（Virgil）或盧克萊修（Lucretius）的作品，我不會找原文本來讀（它們在我記憶中是苦差一件），而是會讀查普曼（George Chapman）、默里（Gilbert Murry）、摩里斯（William Morris）和李奧納多（William Ellery Leonard）的英譯本。就連現代的外語也幾乎不適合拿來在教室裡教。如果你想學法語，就去住在法國人之間吧，把文法書扔回給文法家（他們是唯一從文法書得利的人）。據說懂拉丁文可以讓人把英文寫得好——也許是如此，但我只覺得拉丁文專家的英文都寫得很爛。要學習英文寫作，我本人寧可師從培根與米爾頓，師從艾迪生（Addison）與帕克（Burke），師從吉朋（Gibbon）、麥考萊（Macaulay）與紐曼（Newman）。我們是應該鼓勵語文學家出於學術和歷史目的而學習和保存拉丁文與希臘文，但強逼學生學一種已死的語言則無異於逼他們學一種已淘汰的活計。對於死語言，我們大部分人只有一種合宜做法：把它給埋葬掉。

但在埋葬掉希臘文和拉丁文之後，我會把學習它們所需要花的時間大部分保留給古希臘和古羅馬的活文學。我要直到不再讀希臘文的原文本之後，才知道希臘人有多麼天才橫溢。讀原文的歐里庇得斯戲劇是沉悶差事，但默里的英譯本（雖然失之過於自由）

卻是醍醐灌頂。如若不信，各位可以花一小時讀一讀《特洛伊婦女》[96]，看看心情是否像我一樣雀躍。所以，我會讓我的學生略過希臘文，卻不會讓他們略過希臘作品。我會把他們誘入希羅多德（Herodotus）引人入勝的閒談和普魯塔克（Plutarch）逼真生動的傳記[97]。我會讓他們悠閒享受荷馬、莎孚（Sappho）和阿那克里翁（Anacreon）[98]。他們將會看見梭倫（Solon）是如何為雅典立法，伯里克里斯（Pericles）是如何控制暴民，狄摩西尼（Demosthenes）是如何斥責民眾煽動家，菲迪亞斯是如何雕刻帕德嫩神殿的山牆。然後我們應該轉而研究凱撒，但不是研究他那部冷冰冰和內容多所重複的《高盧戰記》（*Gallic Wars*），而是研究他這個人的一生和悲劇。我們應該放任自己倘佯在維吉爾的《埃涅阿斯紀》（*Aeneid*），應該透過墨菲（Arthur Murphy）的塔西佗（Tacitus）[99]會會最早幾位羅馬皇帝。然後，我們應該泅游於吉朋的散文體海洋[100]，跟著他一道走進充滿幽

---

96 歐里庇得斯的著名悲劇。

97 指《希臘羅馬英豪列傳》。

98 莎孚和阿那克里翁分別為古希臘男女詩人。

99 塔西佗，羅馬帝國時代歷史家，墨菲為其著作《歷史》的英譯者。

100 指吉朋所著的《羅馬帝國衰亡史》。

暗神蹟、經院思辯和鄉村情趣的中世紀，再走進虔誠殺牲、詩歌悅目和建築褥麗的伊斯蘭國度。

可以通向享受人生的第三扇門是文學。我們可以讀讀摩爾（George Moore）的《愛洛綺斯和阿貝拉》（*Heloise and Abelard*）和那些據說是出自愛洛綺斯手筆的深情美麗書信。我們可以隨諾頓（Norton）或蓋里（Gary）同遊但丁的可愛地獄[101]，然後進入波斯，陶醉在菲茲傑拉德（FitzGerald）所譯的甘美四行詩集《奧瑪・珈音》（*Omar Khayyám*）[102]。我們可以縱情於西蒙茲（Symonds）[103]談文藝復興的鉅著，聽聽馬基維利教導波吉亞（Cesare Borgia）如何才能成為一個馬基維利式君主，讓切利尼（Cellini）向我們憶述他那些不可思議的冒險，瞧瞧瓦薩里（Vasari）如何為了達文西、米開朗基羅和拉斐爾而將自己扮演成普魯塔克。[104]我們可以伴著蒙田微笑，伴著拉伯雷（Rabelais）大笑，我們可以隨唐吉訶德一道搗碎風車，與莎士比亞一道哭得柔腸寸斷。我們可以藉培根的《隨筆集》磨利巧智（wits），藉費爾奈（Ferney）的聖猴[105]磨利舌頭。我們可以讀一些米爾頓（Milton）的詩，再多讀一些他的雄健散文；我們可以聽聽盧梭的懺悔[106]，可以讓約翰生（Johnson）隨心所欲叱責我們。我們可以大口啜飲浪漫主義詩歌，與拜倫一起煩惱發怒，與海涅（Heine）同笑同哭，與雪萊同樂觀同悲觀，與濟慈一道被美與

〔149〕

悲劇折磨。我們可以隨尚萬強（Jean Valjean）[107]一道探索巴黎的下水道，隨可愛的薩朗波（Salammbô）[108]一道探索迦太基戰爭的恐怖。我們可以進入巴爾札克的擁擠世界，可以看看有施虐癖的福樓拜如何把筆下的男女主角撕成碎片。我們可以分享貝姬．夏普（Becky Sharp）、大衛．科波菲爾和匹克威克俱樂部（Pickwick Club）的浮沉[109]，可以剖析白朗寧（Browning）的句法和歌唱丁尼生（Tennyson）的歌曲。然後我們可以返回故

---

101 諾頓和蓋里均為但丁《神曲》的英譯者。

102 奧瑪．珈音，波斯詩人、天文學家、數學家，十九世紀英國作家菲茲傑拉德將其詩集《魯拜集》譯成英文。

103 西蒙茲，十九世紀英國作家，以七卷本《義大利文藝復興史》知名。

104 瓦薩里，文藝復興時期義大利畫家和建築師，以傳記《藝苑名人傳》留名後世。杜蘭把瓦薩里與普魯塔克相提並論是因為後者的《希臘羅馬英豪列傳》堪稱《藝苑名人傳》的先驅。

105 「費爾奈的聖猴」指伏爾泰。他住費爾奈期間寫出過許多知名的諷刺作品。

106 盧梭著有《懺悔錄》自剖生平。

107 雨果小說《悲慘世界》的主角。

108 福樓拜歷史小說《薩朗波》的主角，該書以西元前三世紀羅馬與迦太基的殊死戰為背景。

109 貝姬．夏普為英國十九世紀小說家薩克雷小說《名利場》裡的角色。大衛．科波菲爾和匹克威克為狄更斯筆下角色。

110 指閱讀惠特曼的詩集《草葉集》。

土，讓惠特曼為我們雄壯高歌[110]。我們可以為住在華爾騰湖畔的梭羅削鉛筆，任愛默生音樂般的智慧哄我們入睡。我們可以慢讀林肯的書信與演講稿，讓他最深邃的體諒精神孵育我們，直至我們了解美國最糟和最好的一面為止。

對我們的男女中學生和大學生而言，這會不會是太沉重的課綱？誠然，但還有另一條〔150〕通向享受人生的道路是他們必須要走，而那又是各條道路中最困難的一條。我不會要求學生了解超過他們欣賞能力的藝術，因為把美浪費在不懂欣賞的人身上著實無謂。但如果他們對繪畫或雕塑、建築、音樂多少感興趣，我就會用盡各種方法去加強他們的興趣。我會要求他們連續四年每年聽一次《皇帝協奏曲》（*Emperor Concerto*）和《馬太受難曲》。我會把他們帶至大美術館，要求他們在拉斐爾的《教皇儒略二世》（Julius II）或林布蘭的拉比像或自畫像前面靜靜坐上好一會兒。如果有那個能力，我將把他們一路帶到英國，膜拜大英博物館裡的地母德美特（Demeter）或菲迪亞斯雕刻的其他女神。如果有那個能力，我會讓他們在沙特爾或漢斯（Rheims）[111]待一星期，在希臘待一星期，在義大利待一個月，在格拉納達（Granada）[112]待一天，好讓他們知道愈大不等於愈美，好讓酷愛完美的熱情烙印在他們心裡面（正是這種熱情讓脆弱的藝術堡壘可以建立在生命的海洋之中和文明的火山之上）。

等我們下一代上大學之後，我將會把他們交託給能為了解人生打開很多扇門的教育。拿破崙在聖海倫娜島說過，「但願我兒會學習歷史。因為歷史是唯一真正的哲學，也是唯一真正的心理學。」這是因為，心理學主要是一種有關人類行為的理論，哲學往往是有關人類行為的理想，而歷史是人類行為的紀錄。但有時我們不能信任所有歷史家，像阿克巴（Akbar）[113]手底下的史家，就把他們的君王寫成擁有一切美德和戰無不勝的英雄。不過，但凡不能用歷史眼光看待自己時代的人都不能說是有教養，也不可能勝任政治家之 〔151〕
職。所以，從中學起[114]，每個男生女生都應該開始學習歷史，但不是像我們從前那樣從古希臘和古羅馬學起（它們只是古代世界的老年），而是改為從美索不達米亞、埃及、克里特島學起——它們是古希臘和古羅馬的源頭，又透過古希臘和古羅馬文明成為中歐文明和我們文明的源頭。

在中學的第二年應該讓學生憑著一流教科書——如布瑞斯特（Breasted）的《遠古時

---

111 沙特爾與漢斯皆為法國城市，前者以沙特爾大教堂知名，後者坐擁豐富世界文化遺產。

112 位於西班牙，為伊斯蘭文明最輝煌宮殿（阿爾罕布拉宮）之所在。

113 蒙兀兒帝國第三位統治者，被認為是蒙兀兒帝國的真正奠基人和最偉大的皇帝。

114 在作者的理想藍圖裡（見下文），中學和大學都只有各三學年。

代》（*Ancient Times*）——學習古典文化，但還應該至少騰出一點時間讓他們有機會一窺佛陀時代的印度和孔子時代的中國。中學第三年的歷史課程應該涵蓋中世紀與文藝復興，涵蓋哥多華（Cordova）和巴格達如日中天的伊斯蘭文明，涵蓋如花盛放的中國詩歌和唐朝藝術。

大學第一年應該講述從路德和良十世（Leo X）至法國大革命一段的西方現代史。第二年應該讓學生了解從一七八九年至第二次世界大戰爭期間革命與民主的榮枯。第三年應該讓他們以比中學階段更深入的方式回顧從馬雅人和印加人到今日的美洲歷史。但這一切只能算是一個對歷史的導論，理由是不讀過大師級的作品——修昔底德和格羅特（Grote）的；蒙森（Mommsen）和吉朋的；伏爾泰和基佐（Guizot）的；麥考萊和卡萊爾的；比爾德夫婦（Charles and Mary Beard）的——就不能說是對歷史有深入了解，而上述大師們的作品卻幾乎是大學生心靈所無法消化的。不過，讓年輕學生多少認識一點從第一座金字塔到上一場選舉之間的人類事務，還是可以讓他們對我們時代的議題有更睿智的思考和行動。

〔152〕

通向了解人生的第二扇門是科學（在此，我是把科學了解為一種描述外在世界的工具而非征服工具）。學生需要學的是解釋宇宙起源與演化的星雲假說，是地質學對地球歷史的勇敢猜測，是所有有關生命起源與演化的理論。比學習這些理論更好的做法，是到山林野外親身研究動植物的生活（也許可以加上在實驗室裡解剖一點點已死的生命體），由此對生命獲得一種合乎現實的理解，知道它關乎的是飢餓與愛，是不平等與不安全，是競爭與合作，是淘汰與挑選，是摧毀與創造，是戰爭與和平。

通向了解人生的一條更怡人途徑是哲學。依柏拉圖之見，這種「珍貴的愉悅」[115]不應讓年輕人享有，因為年輕人辯論人生問題不是為了得到真理，只是想辯贏對方。他們用論證彼此撕咬，讓真理在他們腳下支離破碎。所以，哲學史的課大概應該等到大學最後一年才來教。規定要讀的原典光一本柏拉圖的《理想國》便足夠，它可以讓學生知道我們當前碰到的難題有多古老，明白人性多少個世紀以來一直跟哲學家和聖人的理念為敵。然後，可以讓我們的大學生稍稍了解亞里斯多德、齊諾（Zeno）和伊壁鳩魯；稍稍了解盧克萊修、愛比克泰德（Epictetus）和馬可・奧勒留（Marcus Aurelius）；稍稍了解阿奎那和奧坎（Occam）、笛卡兒和史賓諾莎；稍稍了解培根與霍布斯；稍稍了解康德與叔本華；稍稍了解孔德與史賓塞；稍稍了解尼采與史賓格勒。如果這些哲學家對他們而言太困難，那

〔153〕

115 柏拉圖把哲學形容為「珍貴的愉悅」。

就讓他們向那些用上好文筆把哲學轉化為戲劇、小說和詩歌的作者尋求智慧，讓他們親炙索福克勒斯（Sophocles）、歐里庇得斯與阿里斯托芬（Aristophanes）；親炙但丁、莎士比亞與歌德；親炙哈代、杜斯妥也夫斯基與托爾斯泰。但最好是讓他們聽過一些哲學家的名字，並由此深信有哲學這東西存在。因為到了日後，到他們有餘暇從事思辨，他們也許會回到這些哲學家，下定勇猛決心去弄懂它們，穿過莫衷一是的見解，去到一片視野更清明、抱負更謙遜和懷疑心態較溫和的高地。在那樣不受左右的氛圍中，他們也許可以看出所有的哲學不過是同一個摸索，所有信念不過是同一種盼望。這樣，他們將不會在心裡和任一種哲學主張戰鬥，或拒絕追隨任一種發自真誠的信條，而是對所有的人類夢想都懷有強大的同情了解，對它們的惱人表達方式懷有溫情與敬意。他們將會由此獲得拓寬和拓深，懂得何謂聖哲的平靜單純、寬容大度。

明顯的是，教育不可能光靠中學或大學竟全功，它們只提供我們工具與地圖，讓我們可以進行更遠程的探索，以便最終可以控制、享受和了解人生。我迄今未談到旅行。如果旅行的次數太多和太走馬看花，只會讓心靈變浮淺和坐實它原有的偏見。反之，如果在一些海外地點住上較長時間，則可讓靈魂一窺何謂全貌視野（這種視野是哲學永遠誘人的海市蜃樓）。我迄未談到可為學生未來工作鋪路的技職訓練，因為我不相信這種技職訓練應該從大學階段開始。我樂於把中學和大學課程各縮短為三年，把每個人頭十五年的教育專用於為人生建立一套生理、道德與文化背景，而把技職訓練留到大學畢業之後。我期盼有生之年可以看見一半美國年輕人進入大學，其中又有一半會在大學畢業後進入職校。隨著科技繼續進步，我們將會需要愈來愈多受過訓練的技術員，愈來愈不需要體力的勞動者。我看不出有什麼理由，讓科技在不太久之後不能進步到只用得著腦力，且幾乎用不著體力的地步。屆時，無產階級不只不會專政，還會消失。

我相信歐洲的教育在方法上比我們徹底，產品也更優秀。這部分是因為歐洲有一個更久遠和更穩定的傳統，讓任何突發奇想的教改政策從一開始就會受到攔截。部分是因為它懂得把學習時間集中在較少的科目。部分是因為男女分校，讓學生不會因為異性而分心。部分是因為它對學生的成績和紀律都有較嚴格要求。我們不可能指望我們的大學在這一代便可以匹敵歐洲（「時間」是使任何制度機構趨於醇和的主要元素），但我們應該把最傑出的普通大學畢業生送至英國、德國和法國，研究這些國家的教育方法，以望取它們之所長補我們之所短，並在最終青出於藍。

雖然我們在這個猶豫的時代碰到很多困難和吃到很多苦頭，但美國仍然有著大好條件，可以把人打造得比從前任何時候更好。我們的土地擁有無可比擬的豐富資源，我們的人口仍然富於活力、創造性和技術。我們的傳統、圖書館和學校吸納了不同大洲和不同時代的文化累積，其範圍和內容是那麼豐富，以致沒有任何一個心靈可以涵蓋其內容的千分〔155〕之一。教育的功能和最高使命，是把這文化遺產傾注給精力旺盛的美國人民，讓地球的禮物受到比從前更睿智的利用，讓我們的富裕也許可以更雨露均霑，讓我們的財富也許會開花為更優美的禮義和道德、更深邃的文學和更健全的藝術。我毫不懷疑，基於美國所能提供的最大教育機會和最大物質可能性，我們將可打造出一個不輸任何前人的社會與文明，給人類遺產加添若干的智慧與美。

第二十二章
論歷史的洞察

現在讓我們來看看，人類歷史的巨大實驗室能就我上面非常簡略討論過的各議題提供〔156〕什麼洞察。首先要指出的是，人類的行為模式唯有透過大歷史的燭照方能顯明，沒辦法憑著孤立的歷史片段得知。我承認，這種看待歷史的方式在很多學術界人士和專家之間並不流行，但我不打算理會他們。

亨利·福特說過，「歷史是一堆破銅爛鐵。」身為一個寫作歷史近六十年和研究歷史近八十年的人，我泰半同意這位為半個世界裝上輪子的偉大工程師[116]之見。一般人都是從

116 指汽車大王亨利·福特，他生產的廉價汽車開啟了汽車大眾化時代。

課堂學來歷史知識，包括一長串無聊的日期和帝王名字，包括政治與戰爭，包括國家的興衰。這樣的歷史斷然平淡乏味而無益，只會讓身體疲倦。無怪乎很少有學生會被歷史科吸引，無怪乎我們中間很少人能從歷史學到任何教訓。

但還有另一種看待歷史的方式，即把歷史看成是人類從野蠻上升至文明的過程，看成是一部人類成就（知識、智慧、藝術、道德、禮儀和技術）的紀錄，看成是上演千萬場經〔157〕濟實驗、宗教實驗、文學實驗、科學實驗和政府實驗的實驗室，看成是我們的根和我們的明燈，看成是我們走過的道路以及可以釐清現在和指引未來方向的唯一光源。這樣的歷史並不是破銅爛鐵，而是拿破崙在聖海倫娜島所形容的，「唯一真正的哲學和唯一真正的心理學。」其他研究大概可以指出我們**也許**會如何行為或**應該**如何行為，歷史告訴我們的則是我們過去六千年來**曾經**如何行為。認識這部紀錄的人會預先得到保護，不致對自己時代的假象或幻滅感太過樂觀或太過悲觀。他明白人性的侷限性，所以會以沉著態度忍耐鄰居的瑕疵和國家的不完美。他分享自己的時代和人民對改革事業的熱忱，但不會因為看到這些改革成果爾爾而心碎，或因此失去對人生的信仰。他深知，同樣的事情在過去六十個世紀（大約是一千代人）反覆上演。

認為過去已死乃是謬見。沒有任何已發生的事會對這一刻無絲毫影響。「現在」只是

「過去」濃縮而成的當前一秒鐘。各位同樣是你們自己的過去，各位的臉往往寫著各位的自傳。「你是誰」是由你曾經是誰決定，是由可回溯至太古時代的遺傳物質決定，是由你四周環境的每個元素決定，是由你認識的每個男男女女決定，是由你讀過的每一本書決定，是由你有過的一切經驗決定。這一切全積聚在你的記憶、身體、品格和靈魂裡。一個城市、一個國家或一個民族亦復如是——它們各有自己的過去，也無法不憑這個過去就可〔158〕以了解。會死去的是「現在」，不是「過去」，我們投以無比注意的「當下」總是飛速從我們眼底掠過，遁入我們生命的基礎和本體（我們稱之為「過去」）。只有「過去」會活著。

所以，我覺得我們這一代把太多注意力放在新聞（它是有關轉瞬即逝的「現在」），把太少注意力放在活的過去。我們每天會接收上千件新聞，知道上百個人的意外或麻煩，或曉得十幾個政府的政策或主張，得知一堆軍事行動或運動比賽的勝敗。但如果沒有歷史，我們又要如何理解這些事件，如何鑑別它們的意義、輕重，如何看出表面移動和變遷底下的基本流向，如何預見到博林布魯克爵士（Lord Bolingbroke）曾引用修昔底斯的話指出，「歷史是用舉實例來教人哲學。」確實如此。歷史是一個碩大無朋的實驗室，它以世界作為工場，以人類作為素材，並記錄其經驗。聰明人會從他人的經驗學習，反觀蠢才卻甚至無法從自己的經驗學習。歷史就是他人的經驗——許多世紀和無數他人的經驗。把歷史大畫卷的一些細末加入我們視野，我們的生命也許就會更多元，並加深我們對事物的理解。現在，就人生的不同階段和我們活動的主要面向，看看歷史可曾為我們時代的議題投下光照。

人性

歷史把新生兒視為百萬年歲月的產品。在這百萬年間，人類大部分時間都是獵人，為求一飽而必須與比他強壯的野獸戰鬥，唯一優勢只是懂得使用武器與工具。這段歲月塑造出我們物種的本性根基：佔有心態、貪婪心態、競爭心態和暴力取向的好鬥心態。人想要變得開化，必須臣服於一個由更高力量制定的國內法系統；同樣的，國家想要變得開化，必須臣服於一個由更高力量制定的國際法系統。所以，我們必須拋棄那個盼望無拘無束自由的幼稚夢想——它在我年輕時觸動過許多年輕人，至今也還迷惑著美國和海外的一些大學生。雖然貧窮是犯罪的一大推力，但不可否定的是，犯罪的主要根源（不管哪個階級、國家或年齡層都一樣）乃是目無法紀的人性，是由百萬年狩獵、戰鬥、殺戮和貪婪所塑造出來的人性。

歷史發現，不管在古代文明還是現代文明，不管在窮人還是富人，不管在激進分子還是保守分子，不管在弱勢民族還是富裕國家，人性基本上都是一個模樣。如果歷史曾顯示過什麼清清楚楚的道理，那就是：任何成功的革命很快都會變得跟被它推翻的東西沒兩樣。此所以羅伯斯庇爾（Robespierre）[117]的舉措無異於波旁帝王，此所以史達林的舉措無異於沙皇。所以，歷史會對革命莞爾，知道它們雖事出有因卻毫無用處，而且轉瞬即逝。它們也許可以讓人抒發合理憤怒，但只會帶來浮面的改變，只是用新名字和新口號的新瓶來裝舊現實的舊酒。

人口

〔160〕

嬰兒是潛在的歡樂之源又是個即時麻煩，因為他們同時具像化一個「量的威脅」（a threat of quantity）和一個「對質的威脅」（a threat to quality）。他們哭著要求餵食，但食物的供應（以整個世界而論）又極少能追得上出生率。只有在極少數的非常時期（如十四世紀黑死病大流行期間或十七世紀的「三十年戰爭」期間），社會的死亡率會超過出生

117　羅伯斯庇爾，法國大革命領袖之一，當上革命政府最高領導人之後實行恐怖統治。

率。一般而言，生產食物的腳步都趕不上嬰兒出生的腳步。所以，在幾乎所有時代，人口的成長都快於食物的生產，而出生率與死亡率的恢復平衡都是有賴馬爾薩斯的三大無情殺手：饑荒、瘟疫、戰爭。

過去一百年來，西歐和北美的人口飛速增長，但透過開墾新土地，透過改良耕種方法和機具，這兩個地方得以倖免於饑荒。中國和印度也靠著使用更好的種籽和人工肥料養活多出來的幾千萬人。但可耕地有限的生產力和人類不受限制的繁殖力之間總是存在張力，我們能把張力繃斷的臨界點往後拖多久呢？事實上，飢餓的哭號聲目前已威脅著世界的穩定（在這個世界裡，有些國家和階級近乎於常態地餓肚子，但其他國家和階級則因為奢侈和過胖而腐化中）。我很高興看見美國對印度輸出避孕用品和為國內所有合法夫妻提供避孕用品，我認為這是一個進步的表徵。

嬰兒也是一個「對質的威脅」，因為，他們有時是不夠格當父母的人無所顧忌地生下的。有些研究顯示，智力可以從父母遺傳給子女。雖然這一點是不確定的，又雖然智力也〔161〕許是由基因的不按理出牌決定，或是可受環境因素影響，但我們還是必須面對一個事實：肆無忌憚的繁殖足以把每一代教育家所做的工作一筆勾消。正因為這樣，我們的社會才會在掃除文盲一事上大有成效，但在提升睿智一事上卻沒什麼可見成績——可民主制度又必須以大眾的睿智為基礎。

西羅馬帝國的崩潰常被歸因於外部蠻族的入侵，但會不會這崩潰有一部分也是內部蠻族[118]的不停增生所致？有時我會覺得，美國已陷入同樣險境，老一輩雖然仍執掌工業界、政界和主導技術領域，但很多家庭卻肆無忌憚地生育，生活放縱，視法律如無物，把文學、藝術、音樂與舞蹈搞得原始幼稚（它們許多代言人甚至公然宣稱盼望看見美國政府崩潰）。文明原是蓋在野蠻主義活火山上的脆弱茅屋。

家庭

早前提過，直至十九世紀為止，家庭除了是社會的生物和道德單位，還是經濟單位。其實，當父親的會在田裡管理兒子和教導他們活計，當母親的會在家裡管理女兒和教導她們上百種技藝。兒女這種依賴性和學徒身分構成了父母權柄的經濟基礎。不過，自工業革命後，隨著兒女的被獨立僱傭制度吸走，父母權柄的經濟基礎亦為之流失。所以，家庭（它有幾千年時間都是自律品格和社會秩序的泉源與稜堡）自此失去了原有的經濟功能與 〔162〕

118 「內部蠻族」是比喻性用法，指人口中的蠢才。

道德力量。從家庭得到解放的個人開始把自由給偶像化，要到很遲之後才曉得自由其實是秩序之子（大概也是混亂之母）。他們鄙視父母，認為父母歸屬於一個無知的舊過去，洋洋得意地宣稱兩代人之間存在著不可橋接的鴻溝。

學校

學校的責任是把文明遺產和歷史經驗傳遞給年輕人，而它也一度把管教年輕人的任務從逐漸解體的家庭接收過來。但知識爆炸性的增加逼著老師走向專化，他們本身成了一些知識斷片，向困惑脫韁的年輕人傳授的也是知識斷片。美國和法國的教育現在幾乎完全以培養智力為務，品格的養成被老師丟回家庭和教會手裡。但由於家庭和教會的權柄大不如前，學生的智力遂與日俱增，而品格則與日俱減。這是因為智力本質上是個人主義者，凡事都是首先想到自己（它只有發展成熟後才會顧及群體的需要）。

歷史上出現過多次學生革命，而在其中一些個案（如十三世紀的波隆納），學生甚至控制了部分教授的選任、敘薪和解聘權。整件事情以波隆納被教皇國兼併而告終。通常，學生要反對的都是市政府的政策而非老師或課程，但今天，他們卻是不滿課程與世界的關係：即不滿於兩者毫無關係。

這些憤怒學生痛恨的是學校課程不能讓他們在一個科技社會裡發揮功能，或是痛恨它忽略了少數族群在我們歷史中扮演的角色。他們不滿老師的時間被私人企業的研究佔去，不滿物理學、生物學和化學受到軍方操縱，專以研發更有效的大規模殺傷性武器為務。這些學生始而仰慕科學的神奇，但終而不信賴科學，因為他們發現，科學把生活和產業變得日益機械化，又把自己的靈魂賣給了軍工複合體（military-industrial complex）。

但也有驚人比例的年輕人既否定教育又否定文明，對文明的各種優雅和美好批評得一文不值。他們否定歷史在一個瞬息萬變的世界有任何意義，又把老一輩的智慧嗤為過時骨董。最後，他們透過嗑藥來逃避人生的責任。我們責備他們（他們合該受到責備），與此同時又驚呆，擔心這些脫韁的孩子以後會幹出什麼勾當和變成什麼樣的人。

宗教

一度，開化年輕人的任務是由宗教及其儀式負責。有長達二十五個世紀的時間，猶太會堂和教堂都是用「十誡」灌輸道德（為加強「十誡」的權威性，它們把它說成具有一個神聖源頭，又用各種獎懲辦法作為輔助）。但教堂和猶太會堂現已失去作為社會秩序泉源的效力，因為在我們的大城市，半數成年人口已經失去對超自然的信仰。

我們的時代跟希臘化時代的希臘[119]或帝國時代的羅馬何其相似。在後兩個時代，鼓勵愛國心和道德的宗教教條與儀式被神話取代，而這些神話則提供了詩人靈感來源和讓宙斯擁有許多情婦。正因為這樣，凱撒才會在被要求執行最高大祭司之責時哈哈大笑，而奧維德（Ovid）[120]才會寫出那些優美但淫蕩的愛情詩章。有見於社會混亂已經威脅到古老的秩序，君士坦丁皇帝（emperor Constantine）遂於西元三八〇年把基督教定為國教。自此以至達爾文為止，國家都仰賴宗教為年輕人提供道德、為社會提供秩序和為受壓迫者提供盼望。如今，那種可以再一次觸動我們，和為我們文明提供靈魂的宗教或信仰要往哪裡找去？〔164〕

道德

過去一百年的經濟變遷和神學變遷帶來了我們時代的道德解體。新自由大範圍流布，把性行為從舊時代的拘禁中釋放出來。心理學譴責每一種壓抑，又為每一種欲望請命。文學在一些高竿寫手手裡成了色情推手。[註1]財富的分潤敲開了一百扇以前會被稱為「罪」（sin）的門。成年人表現得不老實（商場上的、廣告上的、政治上的、執法和司法上的），在在弱化了舊道德宣傳士的說服力。各種新發明讓罪犯有新工具可用：汽車讓他們更容易逃離犯罪現場，法庭的寬大讓他們更難被定罪，監獄聯誼會讓小小偷進化為殺人凶手。

歷史上有過其他類似的道德鬆弛時期嗎？有，而且通常是出現在財富因貿易而大增、人口向城市集中和宗教衰頹的時代，例子有希臘化時代的希臘、帝國時代的羅馬、文藝復興時代的義大利、伊莉莎白女王治下的英國和斯圖亞特王室的復辟時代。且聽聽柏拉圖在西元前三九〇年左右是怎麼說的（他借蘇格拉底作為喉舌）：〔165〕

> 蘇格拉底：這種無政府主義之風會不斷成長，最終找到路進入私宅，感染裡頭的每一頭家畜和每個人……當父親的會習慣於把地位降低至與兒子們齊頭……當兒子的與父母平起平坐，不害怕父母，恬不知恥……當老師的會害怕和逢迎學生，而當學生的會鄙夷他們的老師和教

119 希臘化時代指希臘文明主宰整個地中海東部、埃及和西亞的時期，始自亞歷山大大帝征服波斯帝國之後。一般認為，與希臘的古典時代相比，希臘化時代的文化呈衰退趨勢。

120 羅馬帝國奧古斯都時代詩人。

習……年輕人會與老年人平起平坐，準備好在言語上或行爲上跟老年人競爭。老年人會……模仿年輕人。不消說的還有兩性之間的自由平等……確實，就連馬和驢都會逐漸擁有自由人的所有權利與尊嚴……一切的一切都準備好被自由灌爆……

阿狄曼圖：接下來會發生什麼？

蘇格拉底：任何事物的過態增加常常會引起反作用力……不管在國家還是個人，過頭的自由看來只會導致奴役……最濃濁的暴君政體正是誕生於最極端的民主政體。註2

有柏拉圖這個洞見在，我們就不應訝異於看見異教徒時期（pagan period）和清教徒時期在歷史上交替出現。先是希臘化時代和羅馬帝國的放縱被基督教的嚴格道德規範取〔166〕代，然後，到了十三世紀，靠著貿易和西方基督教諸國的宗教進貢，義大利富甲一方——這財富固然資助了文藝復興，但也滋潤了人文主義者（humanist）的信仰鬆弛，滋潤了君主、人民及教皇的道德鬆弛。

「宗教改革」（The Reformation）某個意義下可視為是貧窮北方對富裕和再異教化

（re-paganized）義大利的一個清教徒式反動，所以，其核心人物與其說是慾力旺盛的路德[121]，不如說是嚴峻的喀爾文（Calvin）和狂熱的諾克斯（Knox）[122]。但在英國，伊莉莎白一世和詹姆斯二世時期的貿易繁盛卻助長了奢侈之風和道德放曠，兩者的結合又催生出浪漫詩歌、高蹈戲劇和貴族文體。

異教徒的氣燄過盛引來清教徒的反動，他們把克倫威爾（Cromwell）推上權力高峰而把查理一世送上斷頭台。在清教徒政權統治下，英國被灰暗、矯情和書報審查制度籠罩，以致當查理二世復辟，帶來一個道德鬆弛和文學放任的新時代時，舉國上下莫不歡欣鼓舞。復辟隨著荷蘭省執政[123]的入侵和最後一位斯圖亞特國王被趕走而結束。然後，在一七〇二年，安妮女王為英國文學的「奧古斯都時代」揭開序幕，讓道德再次蔚為時髦，讓文風回復古典主義的拘謹。這種半清教徒式的妥協後被華茲華斯、雪萊和拜倫的革命熱情和浪漫主義氣質打斷，復在維多利亞女王的治理下獲得復興。

儘管維多利亞女王不苟言笑，工業革命卻改變了英國的臉孔。英國的貿易遠達四海，

121 路德共有六個孩子。
122 蘇格蘭宗教改革家。
123 即後來的威廉三世。

英國的艦隊讓貴族可以安全環遊世界。婦女從家庭被解放出來，成了商店勞工，性被從婚姻解放了出來，科學繁榮，宗教衰頹，財富讓欲望得以伸張，而一個異教主義的新時代（持續至今日）亦告展開。〔167〕

有鑑於異教主義和清教徒主義這種交替出現的歷史模式，我們有理由預期，當前的道德鬆弛將會被一個道德緊縮的時代踵繼（帶來這種緊縮也許是某種新或舊的信仰、權威或審查制度）。每個時代都是對前一時代的反動。如果真來了一場第三次世界大戰，把我們的城市粉碎，把倖存者驅回至務農生活，那科學時代也許就會終結，宗教也許就會帶著它的慰藉性神話和道德紀律捲土重來，而父母權柄也會獲得復興。

工作

或遲或早，一個人總會長大，會為工作對紀律的要求而拋棄不負責任的自由。他很快就會感受到資本主義的複雜性：它在企業、原料、燃料、科學、金錢和人員各方面的深遠扎根；它必須應付不斷更新的競爭和發明的責任；它與國內市場和國外貿易的千絲萬縷糾纏；它與大眾需求、有組織性勞工、國家和聯邦法律不斷變化的關係。面對自己生產出來的細緻產品（它們是歷經幾世紀的貪婪與巧思，歷經無數次摸索和改良的成果），他也許會感受到一個謙遜時刻。他也許會開始懷疑，他所屬的叛逆世代是否可能在把資本主義這部包含心靈與物質、包含資本與技術的龐大機器撕碎後還能重新拼湊起來，讓它較接近他們的夢想世界。

這種美國式資本主義與歷史上其他經濟系統相比起來優劣如何？它的生產力毫無疑問〔168〕
是獨領風騷，前無古人。從未有一個經濟系統曾傾瀉出如此大量和多樣化的財貨、勞務、工具、節省勞力的設備、書本報刊、便利品與娛樂（現在幾乎每個家庭都包含一家劇院、一所音樂廳和一個市場）。從未有一個經濟系統下的女性是這麼自由、花枝招展和有學識。這之前從未有過這麼高比例的人口可以享受到如此之高的生活水準。

它的勞工會不會因為工作內容的千篇一律而變呆滯？大概不會比早期資本主義的勞工（他們一天工作十二小時）更甚，也不會比老是對著鞋楦的鞋匠、老是對著針線的裁縫、老是對著羊群的牧羊人或田裡的拾穗者更甚。

美國人會不會比他們的祖先不快樂？我不認為。看看他們，他們（包括窮人在內）全都負擔得起到體育場館觀看賽事，負擔得起在假日駕車（「凱迪拉克」或「福特」）出遊，把整個美國變成他們的遊戲場和劇院。他們會不會比前工業主義時代的人更物質主義？在中世紀，沒幾個人可望從原階級往上爬（想要搬離本鄉更是難之又難），所以他們大概不會像今日大部分美國人那麼賣力賺錢。但我們絕不可以誤以為中世紀的歐洲人盡是羅斯金（John Ruskin）和摩里斯（William Morris）的翻版：哥德式風格建築師和雕塑家泰半是為了養活家人而工作，拉斐爾泰半是為了餵飽自己和小孩而畫聖母像。就連中世紀人對天國的信仰也可以視為一種長期投資，是要用便士[124]和悔罪來換取一種永恆回報。

歷史顯示過比牟利動機更有效的工作、發明或生產誘因嗎？人們做過各種實驗，用非〔169〕金錢性獎賞（獎品、徽章、綬帶、頭銜等）來激勵勤奮，但它們全都只對一小部分人管用一陣子，對社會全體勞動力從未能長時間管用。蘇聯建國初期曾試圖用共產主義的獻身精神來取代牟利動機，但未幾便發現（就像亞里斯多德曾提醒我們的），「如果每個人都擁有一切，那就沒有人會管好任何東西。」所以，蘇聯後來轉而採取不同酬制度，對於從事重要或技術工作的人予以高薪。如今，在俄國，簡單工作與複雜工作的薪資差距大得不亞於美國。

但我們激動人心的資本主義也流露出危險缺陷。它毒化了我們的空氣、水源，甚至食物。它一直在殺死我們河海裡的魚類和天空中的飛鳥。它以無所顧忌的速率耗用我們土壤裡的礦物資源。尤其要不得的是，它看來就本質上就是鼓勵財富的反覆集中，這又會導致購買力的萎縮和經濟蕭條。當然，財富本來就從來是向上流和向頂端集中（集中到武力征服者、世襲君主、天庭代理人或封建諸侯）。你無法靠制定法律讓人在各方面完全平等。

這種財富的自然集中現象在歷史上反覆帶來過病理性（甚至毒瘤性）的結果。有時它會導致痛深創鉅的手術，即革命：從格拉古（Gracchi）到凱撒的羅馬，或從米拉波（Mirabeau）到拿破崙的法國皆為其例。但有時也有些政治家會採取一些不那麼血腥的療法，即透過立法矯治貧富不均的現象：梭倫[125]在西元前五九四年和羅斯福在一九三三年都是採行此法。透過對富人加稅，透過為窮人提供工作和社會福利，部分財富被重新分配，毒瘤得以縮小。但每次重新分配後，財富集中的過程總是會再度展開：聰明人總是可以佔有最好的發明、最好的貸款、最好的工作、最好的土地和最好的房子。假以時日，貧富不均的嚴重程度會一如從前。就此而論，經濟史乃是社會有機體的緩慢心跳過程，是財富集中的心臟收縮和爆炸性革命的心臟舒張的來回往復。〔170〕

所以，革命的呼聲會反覆在美國、法國和義大利響起，信非偶然。它們不只是一種對俄國和中國的呼應，還是在抗議怨毒的貧窮與招搖的富有（如見於紐約第一大道和第五大

124 指對教會奉獻的金錢。

125 古雅典政治家，曾立法矯正雅典土地和財富過度集中的現象。

道者）毗鄰而居。此所以大學生會殷切於把弱者組織起來，要推翻強者。

叛逆當然是年輕人與生俱來的權利，是自我（ego）意識到自己存在和要求在世界佔有一席位置的表徵。我所屬的一代也高呼過革命口號：我們要求讓勞工有權組織公會；給予婦女權投票；提高工人薪資；中小學和大學對所有族群一視同仁；言論與出版自由。想到這些目標已大多落實，我深受鼓舞。

但當前年輕人的叛逆還有更深的理由。他們不是抱怨自己沒能成為百萬富翁，事實上，他們許多人都聲稱他們對物質財富嗤之以鼻。（這讓我聯想到十四世紀英國的「羅拉德派」流浪傳道者，十六世紀德意志的「再洗禮派」流浪傳道者和中世紀晚期的流浪學者，他們高唱自由與反叛之歌，甚至高唱自由戀愛之歌。）當前年輕人的叛逆是要挑戰我們的無情競爭，挑戰我們對財富和權力的貪婪，挑戰我們為爭奪原物料而發起的野蠻戰爭，以及抗議政府沒有遵守它向人民宣講的道德守則。

就像「宗教改革」是由一些不穿僧衣的傳道者鋪平道路，當前的叛逆分子說不定也會〔171〕在未來幾十年有助於重塑美國的理想。但我對他們之中少數人有所保留，他們頭髮蓬亂，除專門跟老一輩唱反調以招搖自我以外，別無更高目標。這些人都是失敗者。不過，當我們的大學生高談革命之際，我懷疑他們有沒有掂估過他們的輕武裝步兵是否對抗得了重武裝的現代國家？另外，如果你問他們，要是他們贏了，他們要怎樣趕在天下大亂前重整工業與政府，他們一定會啞口無言。光是抱持「信望愛」是成不了事的，只會帶來獨裁政權。

民主政體的這種下場在歷史上並不新鮮。早在基督誕生大概四世紀前，柏拉圖便已在《理想國》裡指出，政府形態的變遷是一個週而復始的循環過程：從天下大亂變為獨裁和君主政權，再從君主政體變為貴族政體，再從貴族政體變為民主政體，再從民主政體變為天下大亂，再從天下大亂變為獨裁政體……

想要防止民主政體滑入天下大亂和獨裁政體，我不知道除了採行福利國家政策和生育控制外，還有什麼別的方法。雖然窮人中有很多是懶惰蟲，而救濟基金亦有被中飽私囊的情形，但我們必須明白，大部分窮人都是種族歧視和環境枷鎖的受害者。我們必須透過提高稅率，為所有人提供足夠的教育和最起碼的食物、穿著、避孕用品及住居。與暴亂和獨裁帶來的社會和政治失序相比，這樣做的成本要低多了。真是出現天下大亂的話，被砸碎的大概不只是民主制度，而是還有文明本身。

戰爭

〔172〕

軍事開支的盤旋上升阻礙了美國種種國內問題的解決。大量金錢被用於保護我們的國內自由不受外力干預，被用於保障通向燃料、原料和市場的航道暢通無阻。我們的軍隊業已證明，在一個不接受佛陀或基督教誨的世界，它的存在是一種必要之惡。況且，我們的政府總認為它可以不理會「十誡」而發動戰爭。它也不理會年輕人不願意送死，不理會老一輩不願意納重稅，表示它不能只考量現前世代的感受，還必須兼顧未來世代的觀點和利益。難道後代子孫會願意我們犧牲他們的利益嗎？所以，他們也有權投票。

以此為理由，五角大廈聲稱，為保護美國免受攻擊或顛覆，為阻遏現前與潛在的威脅，它必須把我們半數的產業、科學、大學和稅款投入於研發和製造最新最致命的武器，並把一千萬年輕人訓練到可以在毫無道德或宗教疑慮的情況下殺人。

個人總是強烈欲求自由、財貨和權力，而政府只是我們所有人欲望的加總，既不受監管又滿身武裝。戰爭是一種國家之間的達爾文主義或天擇（natural selection），是我們流再多的淚都無法把它從歷史沖走的，除非是全世界所有人民和國家都願意（或被迫）把它的主權交給一個超國家（superstate）——但那樣照樣會有革命或內戰。從黃色炸藥到氫彈的進化曾一度讓我們以為從此再沒有人敢輕啟戰端，歷史卻向我們提出這樣一問，「從弓箭到超級巨砲和要命飛彈的進化到底是減少還是擴大了戰爭？」我們這一代日前看來是〔173〕可倖免於核子大戰，但等到哪一天，當美國人已經厭戰卻又必須面對八億中國人的仇恨時（他們受了白人一世紀的欺凌和美國人十年的敵意與取笑），天曉得會發生什麼事？

文明的接力

或遲或早，人總有一死。我們的文明甚至是我們的民族亦復如此。每個生命、社會和物種都是一場實驗，所以必然會過去。但哲學家／歷史家會讓自己去適應這個萬花筒，而且不會灰心喪志，因為他深知他會被下一代踵繼，而年輕的文明也會從老朽的文明吸取養分和取而代之。文化是民族靈魂的產物，即便死去也會帶給一份古老遺產新的成分。在生命的列車上，有責任讓座的乃是老者而非年輕人。

建議

我們有可能在傳遞出我們的遺產之前先把它優化嗎？各位有權問我，為了讓美國生活變得更好，我會有哪些建議。我會把生育子女視為一種優惠而非權利。沒有人有權利在沒檢查過自己身心是否適合繁殖時便把後代帶進群體。對於通過這些檢查的父母，政府應該〔174〕予以津貼或免稅（但僅限於合法婚姻所生的頭兩個子女的頭十八年）。政府還應該以最低價格為所有夫妻提供避孕資訊和工具。為了保障家庭的統一和父母的權柄，應規定父母得為受扶養的未成年子女負法律責任，以及規定父母有權控制這一類子女的收入。

我們的教育應該讓每個中學畢業生都可以在一個科技經濟體中學以致用，但應該同樣重視文科（文學、哲學、歷史、藝術），因為這些科目可讓學生了解閒暇的價值和目的，知所睿智地利用。所有年級都應該包含解剖、生理學和衛生學的課程。

所有改革中學和大學的建議都應該經過一個委員會審查（委員會的委員是由每一班的班代表互相選出）。學校當局應該開除任何以暴力行為干涉學校運作的學生。學生和社會大眾都應該有這個認知：大學是美國最優秀的機構，也是我們最不應該以暴力形式抗議的機構，因為大學和出版自由乃是對抗獨裁的最強堡壘。

為平衡私營廣播機構和新媒體的利潤掛帥主義與偏頗，我建議成立一家由政府出資但由我們大學控制的美國廣播公司。〔175〕

我樂見每個宗教組織致力宣講道德而非神學，並把任何以「恕道」和「十誡」自我砥礪的人視為同道。

從幼稚園到博士班的每一年級，每星期都應該有一堂德育課，讓學生明白個人對群體負有責任。在中學的最後兩年和大學的每一年，應該提供學生詳盡的性教育，並讓他們明白性雜交、麻醉藥物、菸草和酒精的害處。每所中學的女生都應該被教以婚外性行為有哪些生理、道德和社會害處。而每個男生都應該被教以他們有責任像對待姊妹那樣對待每個女孩子。

減少貧窮和擴大教育均可減少犯罪（哪怕犯罪不可能完全消除）。不應再讓「一時精神錯亂」可以作為脫罪的藉口。應該用監管嚴密的國家農場取代監獄，把不同犯罪等級的受刑人安排在不同的農場。其用意是讓受刑人可以過上有規矩的生活、呼吸到新鮮空氣和學習到一些實用技能，好在重返社會之後變回負責任的公民。

應該用盡一切方法讓勞工進一步組織化，因為工會是工業家小集團、商人小集團、銀行家小集團和軍事將領小集團的有力反制。國家勞工關係委員會（National Labor Relations Board）應致力減低（甚至終結）種族和宗教歧視，讓工會會員資格和所有工作職位都對所人有開放。

〔176〕

聯邦政府和州政府應該為失業者提供社會公共服務和環境改善方面的工作。

應該在總統的內閣裡建立一個經費充裕的消費者研究部門。

產業界領袖應該歡迎和協助落實福利國家政策，認識到它不只是一種可緩和貧富不均這種痛苦的人道方法，還比陷入社會動盪和獨裁鎮壓更節省成本。

我建議年輕人不要信任革命，視之為一頭會同時吞噬自己父親和子女的怪獸。較不誘人但較不昂貴的方法是透過持續宣傳落實漸進式改革（這世紀見證過漸進式改革在政治和經濟兩方面的許多成效）。未滿三十歲的人應該絕不信任任何未滿三十歲的人提出的經濟、政治或道德主張。

應該在大學廣設政府學校，為大學畢業生提供行政上的訓練。還應該設立一所美國公務學院，讓政府學校的畢業生可以進修立法、行政和外交的學問。我們大概可以說服選民更青睞有這種背景的公職候選人。

應該在所有大國簽訂促進非侵略性和非顛覆性的條約。

應該在公民教育和官員教育容許的情況下，盡快擴大和接受海牙常駐仲裁法庭的判決。透過這些發展，美國或許可以擺脫那些會因戰爭而繁榮與因和平而枯萎的人[126]之支配。

最後，我建議（雖然我自己不能保證做到）我們應該在死亡如時來到或無可避免時安然接受之。我認為，當三個醫生都宣布一個病人死在眉睫，我們就不應該用人工方式延長他的壽命。在此，我同意對我當植物人的日子做出同樣刪減。

結論

〔177〕

回顧我在本書說過的話，我恐怕是太誇大了我們和下一代所面臨的難題。我談過人口過多造成的生活品質下降、婚姻和家庭的破碎、學校裡的種族失序、道德的鬆弛、城市中的貧民區、街頭上的犯罪、公職人員的貪污、激進分子和反動分子對民主的同時不信任、戰爭野蠻性對道德肌理的侵蝕。但這些都是赤裸裸的現實，它們充斥廣播和報章，激起我們子女的反叛，又讓我們納悶自己是不是還有力量和勇氣去面對這些日積月累的弊病。

我們只有透過相互體諒方可能克服這些挑戰。我們老一輩必須下定決心對新一代保持耐心，甚至在他們咆哮時仍然帶著愛心傾聽，並承認他們的過激言行確實已經在立法殿堂和行政大樓裡催生出一些有益政策。這些年輕人所說的話都是必須有人來說，而且是無別人能說。大概，我們國家的元氣有賴於年輕人和老年人之間持續保持張力，讓創新可以與傳統會合，讓實驗的熱情可以與經驗的冷靜融合為一。

126　指軍方將領。

第六章　我們的靈魂

1　*New York Times*, June 23, 1934.

2　一九一三年第一次讀到桑塔耶納否定思想或意識有任何效力時，我完全不能信服。他說：「思想完全不能起工具作用……心靈頂多能模模糊糊預測到行動的結果……但這種預見……對於產生它的那個未知的機械化過程，顯然未能提供幫助或指引。這過程本身——如果它有預言要實現的話——必然會實現它的預言。」（*Reason in Common Sense*, 214.）事隔五十四年後重讀這些章節，我仍然不能信服。演化過程花了那麼大力氣和毅力去發展思想和意識，所以，若說它們完全不能影響行為和生活，乃是理論上高度不可能，也有違我們最直接和頻繁的經驗。但少有一套缺乏說服力的哲學會寫得那麼姿態萬千，其抽象思維因比喻生動而充滿光輝，其文字被塑成了有催眠性的音樂。所以讀的時候千萬小心！（桑塔耶納晚年雖然表示他對《常識中的理性》裡提出的意見感到後悔，但仍繼續以唯物主義者自居。）

3 *Reason in Religion*, Chapter XIV.

第八章　論宗教

1 *New York Times*, April 30, 1967.

第九章　論一種不同的「再臨」

1 *Thus Spake Zarathustra*, New York, 1906, 4.

2 *Ecce Homo*, London, 1911, 141.

第十一章　論道德

1 Harold March, *Gide and the Hound of Heaven*, Philanelphia, 1952, 87f.

第十七章　論政治

1 Polybius, *The Histories*, III, vi, 5

第二十二章　論歷史的洞察

1 要舉例的話，我會舉厄普代克（John Updike）的小說《夫婦們》（*Couples*）為例。

2 Plato, *The Republic*, 562.

索引

A

B

C

D

E

F

G

H

I

N

S

T

U

V

W

Y

國家圖書館出版品預行編目資料

落葉：威爾・杜蘭的最後箴言/威爾・杜蘭（Will Durant）著；梁永安譯;. – 二版. -- 臺北市：商周出版：家庭傳媒城邦分公司發行, 民109.08
面；　公分. ——
譯自：Fallen Leaves: Last Words on Life, Love, War, and God
ISBN 978-986-477-895-9（平裝）
1. 杜蘭（Durant, Will, 1885-1981）　2.學術思想　3.哲學

145.59　　109011028

落葉：威爾・杜蘭的最後箴言

原著書名／Fallen Leaves : Last Words on Life, Love, War, and God
作　　者／威爾・杜蘭（Will Durant）
譯　　者／梁永安
企畫選書人／鄭雅青
責任編輯／陳思帆、楊如玉

版　　權／黃淑敏、劉鎔慈
行銷業務／周佑潔、周丹蘋、黃崇華
總 經 理／彭之琬
事業群總經理／黃淑貞
發 行 人／何飛鵬
法律顧問／元禾法律事務所　王子文律師
出　　版／商周出版　城邦文化事業股份有限公司
台北市104民生東路二段141號9樓
電話：(02) 25007008　傳真：(02)25007759
E-mail:bwp.service@cite.com.tw
發　　行／英屬蓋曼群島商家庭傳媒股份有限公司 城邦分公司
台北市中山區民生東路二段141號2樓
書虫客服服務專線：(02)25007718；(02)25007719
24小時傳真專線：(02)25001990；(02)25001991
服務時間：週一至週五上午09:30-12:00；下午13:30-17:00
劃撥帳號：19863813；戶名：書虫股份有限公司
E-mail：service@readingclub.com.tw
歡迎光臨城邦讀書花園 網址：www.cite.com.tw
香港發行所／城邦（香港）出版集團有限公司
香港灣仔駱克道193號東超商業中心1樓
E-mail：hkcite@biznetvigator.com
電話：(852) 25086231　傳真：(852) 25789337
馬新發行所／城邦（馬新）出版集團【Cité (M) Sdn. Bhd.】
41, Jalan Radin Anum, Bandar Baru Sri Petaling,
57000 Kuala Lumpur, Malaysia.
電話：(603) 90578822　傳真：(603) 90576622
E-mail cite@cite.com.my

封面設計／李東記
版型設計／鍾瑩芳
排　　版／游淑萍
印　　刷／高典印刷有限公司
經 銷 商／聯合發行股份有限公司
電話：(02) 2917-8022 傳真：(02) 2911-0053
地址：新北市231新店區寶橋路235巷6弄6號2樓

城邦讀書花園
www.cite.com.tw

■2020年（民109）8月二版
定價／340元
Printed in Taiwan
 ISBN 978-986-477-895-9

商周出版

廣	告	回	函
北區郵政管理登記證			
台北廣字第000791號			
郵資已付，免貼郵票			

104台北市民生東路二段 141 號 2 樓
英屬蓋曼群島商家庭傳媒股份有限公司　城邦分公司

請沿虛線對摺，謝謝！

商周出版

書號：BK5106X　書名：落葉：威爾・杜蘭的最後箴言　編碼：

請於此處用膠水黏貼

商周出版

讀者回函卡

謝謝您購買我們出版的書籍！請費心填寫此回函卡，我們將不定期寄上城邦集團最新的出版訊息。

不定期好禮相贈！
立即加入：商周出版
Facebook 粉絲團

姓名：________________ 性別：□男 □女

生日：西元________年________月________日

地址：________________

聯絡電話：________________ 傳真：________________

E-mail：________________

學歷：□1.小學 □2.國中 □3.高中 □4.大專 □5.研究所以上

職業：□1.學生 □2.軍公教 □3.服務 □4.金融 □5.製造 □6.資訊
□7.傳播 □8.自由業 □9.農漁牧 □10.家管 □11.退休
□12.其他________________

您從何種方式得知本書消息？

□1.書店 □2.網路 □3.報紙 □4.雜誌 □5.廣播 □6.電視
□7.親友推薦 □8.其他________________

您通常以何種方式購書？

□1.書店 □2.網路 □3.傳真訂購 □4.郵局劃撥 □5.其他________

您喜歡閱讀哪些類別的書籍？

□1.財經商業 □2.自然科學 □3.歷史 □4.法律 □5.文學
□6.休閒旅遊 □7.小說 □8.人物傳記 □9.生活、勵志 □10.其他

對我們的建議：________________

【為提供訂購、行銷、客戶管理或其他合於營業登記項目或章程所定業務之目的，城邦出版人集團（即英屬蓋曼群島商家庭傳媒（股）公司城邦分公司、城邦文化事業（股）公司），於本集團之營運期間及地區內，將以電郵、傳真、電話、簡訊、郵寄或其他公告方式利用您提供之資料（資料類別：C001、C002、C003、C011等）。利用對象除本集團外，亦可能包括相關服務的協力機構。如您有依個資法第三條或其他需服務之處，得致電本公司客服中心電話(02)25007718請求協助。相關資料如為非必要項目，不提供亦不影響您的權益。

1. C001辨識個人者：如消費者之姓名、地址、電話、電子郵件等資訊。
2. C002辨識財務者：如信用卡或轉帳帳戶資訊。
3. C003政府資料中之辨識者：如身分證字號或護照號碼（外國人）。
4. C011個人描述：如性別、國籍、出生年月日。

請於此處用膠水黏貼